대혜 · 고봉 평전
大慧 · 高峰 評傳

최석환 지음
동광스님 감수

茶의 세계

대혜 간화선의 진면목이 드러나는 듯

동광스님(청담문화재단 이사장)

대혜종고(大慧宗杲 · 1089~1163)와 고봉원묘(高峰原妙 · 1238~1296) 선사는 한국선종사에 있어서 빼놓을 수 없는 인물로 자리매김 하고 있습니다. 조계종의 강원에서《서장(書狀)》과《선요(禪要)》가 수행법의 근간을 이루고 있는 교재로 읽히고 있기에 더욱 친근한 선승으로 다가옵니다. 대혜는 정치적 소용돌이 속에서 주전파의 모함으로 승적을 박탈당하고 형주(지금의 후난성(湖南省))로 떠난 유배길에서 얻은 참된 진리는 간화선 부흥의 계기가 되었습니다. 유배지에서 사대부들과의 폭넓은 교유를 계기로 훗날 편지로 묶인《서장》은 대한불교조계종 강원교재로 채택되면서 후학들에게 지침이 되고 있습니다.

1137년 마침내 유배에서 풀려난 대혜가 저장(浙江) 경산사(徑山寺) 주지로 입성하면서 천여명의 학도가 모여 들었습니다. 오조법연(五祖法演) - 원오극근 (圓悟克勤)- 호구소륭(虎丘紹隆) - 밀암함걸(密菴咸傑)로 이어져 후대의, 송원숭악(松源崇岳)과 파암조선(破庵祖先) 일파에 의해 임제종의 재흥이 이루어졌습니다. 그리고 마침내 대혜종고는 마조 이래 대기대용(大機大用)으로 이어지는 간화선(看話禪)을 들고 나와 '묵묵히 좌선만 해도 깨칠 수 있다' 는 굉지정각의 묵조선(默照禪)

을 묵조사선이라고 비판하면서 치열한 선논쟁을 벌였습니다. 나의 스승이신 청담 선사께서는 "이 마음은 영원불멸의 실체이며 절대자유의 생명이며 참된 진리이며 천지조화의 본체이며 신의 섭리이며 문화창조의 원동력이다. 수행자는 이 마음을 깨쳐서 중생을 제도하라"고 늘 말씀하셨습니다.

마음 한 구석에 늘 대혜종고 선사가 이룩한 간화선의 자취를 찾고 싶었는데 2008년 겨울 최석환 거사로부터 2009년 새해 간화선 원류를 찾아 대혜, 고봉의 자취를 더듬으며 남송시기 간화선의 전개현장을 순례해 보자는 제안을 받았습니다. 청담 큰스님의 "먼저 이 마음 깨치라"는 말씀이 주마등처럼 스치고 지나가 선뜻 오른 순례길에서 간화선의 진면목을 발견하게 되었습니다. 대혜종고의 뒤를 이어 150년의 간화선을 만개시킨 고봉사관에 들르니 천길이나 되어 보이는 깎아지른 바위를 의지하며 수행한 끝에 깨달음을 이룬 고봉 선사의 정신세계를 손끝으로 느낄 수 있었습니다.

이 책에 담긴 진체(眞體)는 깨달음의 말씀으로 나를 찾는 수행자나 불자들에게 지침서가 되리라고 생각합니다. 또한 대혜와 고봉의 자취를 찾아 수차례 답사한 뒤 한 권의 책으로 엮어낸 최석환 거사의 노고에 감사의 뜻을 표하는 바입니다. 아무쪼록 이 책에 담긴 간화선의 자취를 따라가다 보면 진면목이 불빛처럼 드러나 선을 찾는 이들에게 참된 깨우침의 길로 인도하는 길잡이가 되리라 생각합니다. 이 책에 참가한 한·중 석학과 스님들의 노고에 고마움을 전하는 바입니다.

2017년 봄

車東吉 합장

간화선의 물결이 불빛처럼 빛나다

　화두(話頭)를 참구하고 공안을 타파하여 깨달음을 이룬다는 간화선(看話禪)과 묵묵히 말을 잊고 본성을 관찰한다는 묵조선(默照禪)은 남송이후 선종(禪宗)을 주도해 갔다. 간화선을 세상 밖으로 드러낸 대혜종고(大慧宗杲 · 1089~1163) 선사는 임제종 양기파의 5대 전인(傳人)으로 묵조선을 비판하고 간화선을 제창한 거물이다.

　대혜가 간화선을 일으킨 시대적 상황은 혼란스러웠다. 여진족이 세운 금나라의 침략으로 수도마저 빼앗기고 휘종(徽宗)과 흠종(欽宗)마저 포로로 사로잡혔던 시기였다. 더욱이 송 조정은 금나라와 대적해야 했고 주전파는 금나라와 화친 해야 한다는 주장으로 정국이 혼란스러웠다.

　대혜종고 선사는 선종을 들고나와 사대부와 폭넓은 교류를 해 오면서 선의 불길을 타오르게 했다. 더욱이 대혜종고 선사는 주전파의 주요 인물이기도 했다. 1137년 금과 항쟁을 이끌고 있던 장준(張俊 · 1086~1154)의 청으로 경산사에 머무르며 선종의 가르침을 펼쳐 나갔다. 악비(岳飛)의 모함으로 주전파의 장준이 죽게 되고 이듬해 장구성(張九成) 등과 반역을 모의했다는 이유로 승적이 박탈되면서 형주(지금의 후난성)로 유배길에 올랐다. 유배지에서 사대부들과 폭넓게 주고받았던 서간을 모아《대혜서(大慧書)》가 세상에 나왔다. 대혜는 온갖 풍랑을 겪으면서 17년이 지난 1137년에야 유배에서 풀려나 경산사 주지가 되어 천여 명의 학도들과 함께 임제의 재흥을 일으켰다.

천동사에서 묵조선을 선양했던 천동여정과 사투를 벌였던 대혜종고는 묵묵히 앉아 좌선만 하는 굉지정각 선사가 주장한 묵조선을 묵조사선(默照邪禪)이라고 비판하면서 대립각을 세웠다. 그러나 대혜와 굉지 사이에 친교가 있었기에 그의 직접적인 비판보다 법형제되는 진헐청료 계통에서 비판하고 나서 임제종과 조동종의 사상적 흐름이 끝없는 시비에 휘말리기도 했다. 대혜는 오조법연으로부터 원오극근에 계승된 공안선을 대성시킨다. 간화선을 정립한 대혜가 입적한 뒤 그의 문도들에 의해《정법안장》,《대혜어록》,《대혜법어》,《대혜보설》,《대혜서》등의 저작을 남겼다.

대혜는 온갖 풍랑을 겪으면서 간화선 선양에 앞장서 왔고 그가 열반에 든 지 150년 뒤 고봉원묘(高峰原妙·1238~1295) 선사의 등장으로 대혜의 공안선을 만개시키기에 이르렀다. 대혜가 주목되는 까닭은 한국불교의 선(禪)이 대혜로부터 출발했기 때문이다. 더욱이 조계종 강원교재에 대혜의《서장》과 고봉원묘의《선요》가 교재로 쓰이는 등 한국불교의 중요한 인물이다.

이 책은 남다른 사연이 있다. 2008년 여름 아육왕사 지에위엔(界源) 방장스님을 만났을 때 였다. "한국선가에서 대혜의 간화선을 제대로 알고나 있는지 모르겠다"라는 말에 충격을 받아 대혜의 간화선의 진면목을 드러내 보이겠다고 결심한 그 다음해 답사를 시작하여 5년만에 결실을 맺었다. 이 책은 대혜가 걸었던 공안선의 현장을 따라 1999년 5월 달마가 양무제와 결별하고 처음 은거했던 난징 막부산 달마동굴 답사를 시작했다. 천녕사, 경산사, 아육왕사, 굉지정각의 자취가 남아있는 천동사, 고봉원묘 선사와 중본명본(中本明本) 선사의 자취가 남아있는 저장 임안의 천목산(天目山), 선원사(禪源寺), 고봉사관의 간화선의 자취를 좇았다. 도선사 선덕 동광(東光) 스님을 모시고 대혜의 자취를 따라 중국 전역을 순례한 뒤 월간 〈선문화〉를 통해 2009년 6월~2010년 7월까지 연재된 기록을 한 권으로 묶었다. 대혜와 고봉의 구법순례를 통해 간화선의 진면목을 남김없이 드러내는 동안 공안선이 인류의 등불이라는 사실을 오롯이 느꼈다.

함께 대혜의 순례길에 오른 동광 스님의 자비심과 중국 아육왕사 방장 지에위엔, 천동사 방장 창씬(誠信)의 지지가 없었다면 이 책이 엮어질 수 없었음을 밝혀둔다. 더욱이 봉암사에 오랫동안 주석했던 정광(淨光) 스님의 《대혜어록》에 담긴 사상을 부록으로 실어 대혜의 간화선을 이해하는데 길잡이가 되도록 했다.

귀한 글을 주신 정광(淨光) 스님과 이 책이 나오기까지 대혜의 구법길을 이끌어주신 동광 스님께 감사를 표한다. 이 책을 통해 간화선의 진체가 드러나 문장을 읽는 이들이 깨달음을 얻을 수 있길 간절히 바란다.

2017년
곡우날에 최석환

아직도 살아 있는 대혜의 간화선

1500년 전 눈이 부리부리한 사람이 뱃길로 광저우(廣州)에 도착했다. 키는 거구인데다가 섬광처럼 빛나는 눈빛과 먹물옷을 입은 인도의 한 수행자가 중국땅에 온것부터 예사롭지 않았다. 그가 바로 중국선종 초로 보리 달마대사였다. 달마가 광저우에 왔다는 소식을 들은 양무제(梁武帝)는 광저우 자사 소앙(蕭昻)을 시켜 그를 맞이하도록 한다.

소앙이 달마를 모시고 왕궁으로 가 무제와 마주했다. 달마를 보더니 무제가 그에게 물었다.

"짐이 절을 많이 짓고 두루 사경 했는데 어떤 공덕이 있겠습니까?"

"공덕이 조금도 없습니다."

"어째서 공덕이 없다고 합니까?"

"그것은 확연무성(廓然無聖)입니다."

"그러면 짐 앞에 있는 그대는 누구입니까?"

"오직 모를 뿐입니다(不識)."

뒤에 지공(志公) 화상이 돌아왔는데 양무제는 그에게 달마가 어떤 사람인지 물었다. 그러자 지공 화상이 말했다.

"대왕께서는 그분을 만났지만 실은 만나지 못한 것입니다."

"그분은 어떠한 사람입니까?"

"그분이야말로 부처님의 마음을 전하는 관음보살이십니다."

양무제는 그 말을 듣고 한탄한 뒤 곧 군사를 보내 달마를 모셔오게 했다.

그러나 지공 화상은 다음과 같이 말했다.

"대왕께서 온 나라의 힘을 다하서도 그 분을 모셔오지는 못합니다."

달마는 무제와의 문답에서 서로 뜻이 맞지 않아 곧장 위나라로 가버렸다. 양무제와 결별한 달마는 뱃길로 떠났다. 수많은 선화가들이 그림으로 남긴 달마도 강도가 달마를 연상케 된다. 달마가 오늘까지 회자되고 있는 까닭은 선종 비조라는 점과 일본의 선승 셋슈(雪丹·1420~1506)의 〈혜가단비도〉를 통해 달마의 진면목이 들어났다. '눈은 매섭게 뜨고 굳게 다문입 섬광처럼 빛나는 눈빛을 섯속의 혀만으로 한폭의 선화로 두어나면서 수많은 선화가가 달마도를 완성시켰다. 그중 김명국(金明國·1600~?)의 달마도 압권이었다. 먹선 하나로 달마도를 그려낸 그의 혜안으로 달마가 오늘까지 되살아 났다. 달마는 인도의 항지국의 왕자인데 세속옷은 벗어 던지고 먹물옷의 수행자가 되어 뱃길로 광저우에 이르러서 중국에 선의 불빛을 밝히면서 중국 선종의 초조가 된 보리달마 대사의 도강도가 수만은 선화가에 의해 그림으로 재현되면서 달마는 살아있는 선종비조로 우리에게 다가왔다. 그 뒤 혜가(慧可)가 나와 달마의 법(法)을 이었고 승찬(僧璨) − 도신(道信) − 홍인(弘忍) − 혜능(慧能)을 거쳐 선(禪)의 시대를 활짝 열었다.

중국선종을 말할 때마다 등장하는 것은 달마와 무제의 문답, 혜가단비도와 혜능의 등장, 마조의 출현이었다. 달마 − 혜능까지는 순선의 시대로 자리매김 되었고 혜능 이후는 선종사에 풀리지 않는 과제로 남았다. 천 년 동안 중국의 선에 많은 변화가 있었다. 회창법란을 겪으면서도 중국선이 토착화될 수 있었던 바탕에는 산으로 들어간 은둔의 세월이 있었기에 가능했다. 정치권력과 밀착된 북종선은 남종선을 밀어냈다. 남종선은 은둔의 세월을 기다렸다. 문화혁명의 회오리 바람을 비켜가고 허운(虛雲) 대사의 등장으로 중국선이 활짝 꽃을 피울수 있었던 까닭은 백장회해 선사가 '하루 일하지 않으면 하루 먹지 않는다(一日不作一日不食)'를 계승 발전시켜 나가면서 은둔의 세월을 보내며 때를 기다렸기 때문에 남종선의 시대가 열리게 되었다. 중국선종 법맥을 살펴보며 마조(馬祖) 이후가 문제였다. 달마(達摩)에서 6조(六祖)까지는 선종사에 이의를 제기하는 사람이 많지 않다. 그러나 7조 이후부터 뒤엉킨 실타래를 누가 푸느냐가 늘 과제로 남았다. 7조설을 놓고 혜능계(慧能系)의 남악회양(南岳懷讓)과 청원계(靑原系)의 청원행사파(靑原行思派)가 서로 자신의 문파(門派)에서 7조를 이었다고 주장해 왔다. 저자가 선종사를 탐사하면서 늘 의문시된 대목이 7조였다. 남악회양의 활동 근거지인 남악형산과 청원행사의 활동 무대인 장시성(江西省) 정거사(靜居寺)를 답사해 보면 두 곳 모두 남악과 청원을 7조로 받들고 있다. 양쪽이 각각 자신의 계파가 7조라는 주장이다. 7조설을 누가 이었느냐에 대한 문제는 선종사의 지도가 뒤바뀔 수도 있는 중요한 사안이다. 그러나 아직 7조를 이을 계파가 누구인지는 정리되지 않았다. 청원과 남악 양파가 당송대를 거쳐 오종가풍(五宗家風)으로 이어지면서 명말까지 선종의 중심세력으로 떠올랐다.

정리해보면 남악파로 분류되는 선승은 마조도일(馬祖道一) – 남전보원(南泉普願) – 백장회해(百丈懷海) – 황벽희운(黃檗希運) – 위산영우(爲山靈祐) – 임제의현(臨濟義玄) – 황룡혜남(黃龍慧南) – 양기방회(楊岐方會) – 백운수단(白雲守端) – 원오극근(圓悟克勤) – 대혜종고(大慧宗杲) – 호구소륭(虎丘紹隆) – 고봉원묘(高峰原妙) 등 이고, 청원파는 동산양개(洞山良价) – 운거도응(雲居道膺) – 석두희천(石頭希遷) – 약산유엄(藥山惟嚴) – 운문문언(雲門文偃) – 설두중현(雪竇重顯) – 영명연수(永明延壽) 등이 법통을 이어갔다.

청원파는 남악파 임제종의 위세에 밀려 조동선으로 명맥을 유지했으나 남악파 못지않게 한국선종계에 적지 않은 영향을 끼쳤다. 따라서 혜능이 일으킨 남종선(南宗禪)은 마조 도일이 이어 평상심의 도로 선종계에 천하통일을 이룩했다. 그 뒤 임제와 조동(曹洞)으로 양분되어 갔다. 그 후에 태동한 선계가 오가칠종이다. 오가칠종은 다섯 봉우리를 일러 말하는데 임제, 동산(洞山), 운문(雲門), 위앙(爲山), 법안(法眼)이 그것이다. 이들 오가칠종 선계가 재편되기 시작했다. 문화혁명기를 거치면서 잠시 은둔했던 선종은 허운 대사가 나와 오가칠종 중 임제, 조동, 운문 3종을 복원하면서 다시 선불교가 되살아났다. 그 배경에는 농선이라는 커다란 결집력이 있었고 오늘날 중국선종이 다시 태어나는 시발점이 되었다고 본다.

중국선을 붙잡은 그림자, 화두

화두를 참구해 깨달아 가는 간화선 수행은 중국 남송시대 대혜종고 선사가 주창했고 고봉원묘 선사가 만개시켰다. 중국이 공산화된 뒤 문화혁명 기간에도 중국선이 불길처럼 일어날 수 있었던 것은 농선을 지킨 덕택이었다. 농선은 백장회해가 일으킨 백장청규로 중국 정통수행법 중의 하나였다.

중국선의 중흥과정은 5단계로 나눌수 있다. 제1기는 장쑤성(江蘇省) 난징(南京) 시대로 양무제와 달마의 결별을 들 수 있다. 그러나 사실 난징은 초기 선종의 중심답게 달마의 흔적이 곳곳에 남아있다. 대표적으로 달마가 위나라로 가기 직전 난징의 정산사에 〈달마도강도〉가 있다. 비록 청나라 시기 조성되기는 했지만 달마 사상은 훨씬 전부터 흐르고 있었다는 증거이다.

제2기는 낙양시대를 들 수 있다. 낙양을 중심으로 초기 달마선이 불길처럼 일어났다. 제3기는 정중선파를 연 신라의 무상 선사가 쓰촨성 청두에서 정중선을 일으킨 것이다. 제4기는 달마 이후 혜능으로 이어지는 선종선맥시대가 열렸고 혜능 이후 마조의 등장으로 조사선 시대가 정착하면서 이른바 남종선이 평천하했다. 제5기는 대혜의 간화선과 굉지정각의 묵조선이 활발하게 전개되면서 선의 황금기를 맞이했다. 이를 통틀어 다섯 단계로 발전해 나간 것이 중국선이라고 말할 수 있다.

선종의 전파는 실크로드처럼 이어져 광저우(廣州) → 장쑤성(江蘇省) 난징(南京) → 뤄양(洛陽)에서 순선의 시개다 열렸다. 그러나 마조도일이 나와 조사선 시대를 열면서 → 장시성(江西省) 난창(南昌)에서 꽃을 피워 나갔다. 그 뒤는 주로 남송의 수도인 항저우가 남종선이 크게 임제파에 의해 발전 되어갔다.

조계종 수행법의 근간인 고봉원묘의 《선요(禪要)》와 대혜종고의 《서장(書狀)》의 중심무대가 저장성 항저우(杭州) 근처의 천목산(天目山)에서 이루어졌다. 저장성 곳곳에 이들의 행적이 묻어난다.

태고보우는 석옥청공을 통해 임제선맥을 고려로 이어졌다. 수많은 구법승이 중국으로 건너가 법을 이어 왔다. 그러나 중국비문에 기록된 경우는 태고보우가 처음이다. 그가 머문 항저우 인근의 후저우시(湖州市) 묘서진(妙西鎭)의 하무산(霞霧山)은 한국불교의 조정과도 같은 곳이다.

한국 불교계는 대혜와 고봉의 자취가 남겨져 있는 항저우 인근의 천목산과 닝보의 아육왕사, 천동사 등 《서장》과 《선요》의 가르침이 남아있는 저장성 곳곳의 흔적을 밟았다. 108 선종 순례단을 이끈 고우 스님은 "바깥에서 찾는 행복을 깨고 내 안의 부처를 발견하는 것이 순례의 목적"이라고 밝혔다. 한국 땅에 《서장》과 《선요》를 전해준 은덕을 기리는 순례행렬은 한국선종의 또 다른 여정이 될 것이다.

그러나 일본은 한 발 앞섰다. 2008년 4월 19일 저자는 항저우 여항(余杭)의 경산사(徑山寺)에 있었다. 일본의 묘심사파 스님과 신도 200여 명이 일본에 차와 선을 전한 송나라 고승 허당지우(虛堂智愚)의 영정 앞에 향을 사르고 차(茶)를 올리는 모습에 착잡한 심정을 지울 수 없었다. 중국에 영향력이 있는 저자에게, "자, 저들을 보아라. 저렇게 선조를 위한 추모행렬이 보이지 않느냐"고 내심 일침을 가하는 것 같았다. 한국불교의 조정이나 다름없는 하무산을 찾아 조배를 드리는 한국인은 많지 않다. 늘 일본불교의 그림자를 떨쳐버릴 수 없었던 것이 저자의 심정이었다. 그러나 한국불교도 몇몇 신심 있는 재가인에 의해 깨어나고 있었다. 일찍이 한국과 불연을 맺어 온 중국은 세계선차문화교류대회를 발의한 한국과 손잡고 중국 땅에 선다일미(禪茶一味)를 만세토록 빛내기위해 앞장서고 있었다.

그렇다면 불가는 어떤 생각일까. 중국과의 교류는 아직 한 점에 불과하다. 그 하나의 점이 불길처럼 타올라야 한다. 일본 묘심사파가 경산사에 와서 조배를 드리는 모습을 보니 천 년 전 여만 선사가 하신 말씀이 되살아났다. "중국의 선이 사라지면 반드시 동이에게 물을 날이 있을 것이다." 지금이 그 순간인 것 같다. 경산의 차맛이 지리산의 차맛과 연결됨은 무엇을 의미하겠는가.

남송시대 선의 중심은 저장성이었다. 저자가 한국 땅에 《선요》를 전해준 고봉원묘의 자취를 찾아 1990년 말 단독으로 천목산 사관에 갔을 때 텅 빈 동굴만이 있었다. 그러나 10년이 지난 지금 그 자리에 고봉원묘의 조상이 모셔졌고 저장성이 선을 부흥시킬 움직임을 보이고 있었다. 그중 하나가 문화사찰로 건립한 혜인고려사이다. 한때 조계사가 직영했던 고려사는 항저우시 불교협회도 운영을 포기한 바 있는 곳이다. 종교활동을 할 수 없는 까닭에서였다. 문화사찰은 이른바 문화관광시설이라는 것이다.

한류바람이 불길처럼 일어나자 항저우시의 왕귀평 당서기가 문화사찰 건립을 주도했다. 한국인이 많이 찾을 수 있게 관광자원화를 하려는 계획에서였다.

중국은 이처럼 일본과 한국을 절묘하게 매치시켜 불교를 전해준 은혜를 잊지 말라고 말하고 있다. 달마가 인도에서 중국으로 전한 선은 한국을 거쳐 일본으로 전해졌다. 중국은 그 점을 매번 주장 해왔다. 선조의 자취를 찾아 조배 드리는 일본

불교인의 모습에서 진한 감동을 받은 것이 한두 번이 아니었다.

저자는 한국 땅에 불교를 전한 우리 조상을 잊지 않고 있다. 쓰촨성 대사자에 무상선사 행적비와 지장의 안후이성 헌창비를 건립한 까닭도 한국선불교의 위상을 널리 알리려는 염원에서였다. 2004년 여름 대자사 따이은(大隱) 방장과 방장실에서 나눈 이야기는 지금도 잊을 수가 없다.

저자는 따이은 방장과 마주 앉았다. 잠시 뒤 차가 한 잔씩 나와 반쯤 마시다가 단도직입적으로 물었다.

"대자사는 당나라 시기 신라의 무상이 건립한 공간인 것을 알고 계십니까?"

그때 따이은 스님은 대자사 관련 자료를 꺼내더니 "중국 측 문헌에는 단편적으로 나와 있는데 한국 측에 무상에 관한 자료가 있습니까"라고 물어왔다.

"그럼 무상이 오백나한 중 455번째로 오른 사실을 알고 계십니까?"

따이은 방장은 놀라 정색을 하며 "그런 사실이 있습니까"라고 되물었고 그 뒤 진지한 이야기가 무르익어 갔다.

"제가 발견하여 2001년 10월 언론을 통해 처음 공개했습니다."

10월 중 쓰촨성 아안시 세계차문화절 행사에 공식 초대 받아 참석하게 되었을때 한·중이 무상선사 학술연토회를 해보자고 제안했다. 그리하여 중국 땅에서 천 년 만에 무상이 부활되는 순간이었다. 다음해 무상 연구는 급진전되어 한·중 무상선학연구소를 설립하고 그 이듬해인 2005년 10월 〈무상선사기념비〉가 대자사에 건립되기에 이르렀다. 참으로 놀라운 변화였다. 여만이 했던 '중국선을 동이에게 물어볼 날이 있다'는 말이 천 년 뒤에 이렇게 꽃을 피울 줄은 일찍이 예견하지 못했다.

대혜종고와 고봉이 꽃피운 간화선 시대

무상과 마조로 흐르는 조사선을 누가 이었을까.

임제, 운문, 위앙, 법안, 조동을 일러 오가칠종이라 불러왔다. 그중 두드러진 인물은 대기대용을 내세운 임제를 들 수 있다. 임제 밑에 양기방회와 황룡혜남이 등장해 한 시대를 이끌어갔다. 당대(唐代)는 순선의 시대를 이끌었고 그 뒤를 이어 마조가 나와 조사선시대를 열었다. 이어 송대(宋代)로 접어들면서 선과 문학, 예술이 만났다. 원오극근(圓悟克勤)의 《벽암록》이 이 시기에 완성되고 다선일미(茶禪一味)를 제창한 원오극근과 화경청적(和敬淸寂)을 주장한 백운수단(白雲守端)이 차와 선을 유행시키는 계기를 만들었다. 남송시대 유행한 천목다완의 발전 또한 임안의 천목산(天目山)을 중심으로 이루어졌다.

닝보를 통한 해상교역으로 일본과 한국의 상인, 입송구법승(入宋求法僧)들이 전단강(錢塘江)을 통해 송나라로 들어갔다. 자연스럽게 송나라의 수도 항저우가 중심이 되어 선종의 메카로 자리잡았다. 일찍이 전단강의 염관진(鹽官鎭)에서 마조의 직계인 염관제안 선사가 착실히 선법을 전하고 있었다. 그 시기 범일 국사가 염관제안 선사를 찾아간다. 여러 문답 끝에 염관제안 선사가 범일 국사를 인가하면서 '동방의 대보살'이라는 칭송을 받았다. 이처럼 저장은 초기 선종이 싹텄던 곳이다. 매년 음력 8월 18일부터 22일까지 5일간은 전단강 관조처에서 발생하는 물결의 역류현상을 보기 위해 인산인해를 이룬다. 저장 선종의 물결이 시작된 염관진처럼 저장성에서 중국선의 불꽃이 타오를 줄은 일찍이 예견하지 못했다.

화려했던 북송(北宋)시대가 무너지고 남송시대가 열렸다. 1127년 흠종(欽宗)의 동생인 조구(趙構)가 난징(南京) 응천부(應天府)에서 황제로 즉위하여 송을 부활시키고 수도를 임안으로 정했다. 금나라와 서하, 남송의 삼국시대가 드디어 개막했다. 강남으로 쫓겨난 남송은 처음에는 잃어버린 영토를 되찾으려 노력했지만 금나라에 포로로 잡혀 있던 진희가 귀국하면서 강화파가 세력을 얻는다. 주전파 악비가 처형되고 1142년 금나라와 화의가 성립되었다. 이 시기는 대혜종고, 밀암함걸(密菴咸傑) 같은 선승이 나왔고 주희가 주자학을 집대성한 시기였다.

남송시기에도 오가칠종 중 임제종(臨濟宗)과 조동종(曹同宗)만이 명맥을 유지해 갔다. 그중에서도 임제종 양기파의 활약은 눈부셨다. 특히 《벽암록》의 저자로 알려진 원오극근의 문하에서 나온 대혜종고가 간화선을 열어 선의 혁명을 일으켰다. 대혜의 영향으로 송대 이후 깨달음을 중시하는 경향이 두드러졌다. 북종선은 깨달음의 체험이 중시되었지만 하택신회 이후 거의 소멸되었고 마조도일선사가 평상심이 곧 도를 주장 하면서 북종선은 대중에게서 멀어졌다.

조구(趙構·1107~1187)가 난징(南京) 응천부(應天府)에서 황제로 즉위하여 송을 부활시키고 수도를 저장성 항저우로 했다. 이른바 남송(南宋·1127~1279)이 부활하게 된 것이다.

당시 남방에서는 설암조흠과 고봉원묘가 간화선을 펼쳐나가고 있을 때였다. 이들은 양기파로 백운수단(白雲守端) － 오조법연(五祖法演) － 원오극근(圓悟克勤) － 호구소륭(虎丘紹隆) － 응암담화(應庵曇華) － 밀암함걸(密庵咸傑) － 파암조선(破庵祖先) － 무준사범(無準師範) － 설암조흠(雪巖祖欽) － 급암종신(及庵宗信) － 석옥청공(石屋淸珙)으로 이어지는 선맥을 형성했다.

따라서 태고보우가 석옥청공으로부터 선맥을 이어간 것은 남송의 선을 고려로 이어간 것이나 다름없다. 그런 의미에서 2008년 12월 15일 하무산 옛 천호암지에 건립한 〈한·중우의해동선종중흥태고보우헌창기념비〉는 뒤늦게나마 중국선종사에 뚜렷이 나타난 한국선종의 부활이라고 할 수 있겠다. 남송시기 임제종을 이은 오조법연과 원오극근에서 싹 튼선을 대혜종고가 원오극근선사의 법맥을 계승하면서 비로소 간화선 시대가 열렸다. 화두를 참구해 깨달음에 이르는 수행법은 당시로서는 혁명과도 같은 것이었다. 원대로 접어 들면서 대혜종고의 간화선은 고봉원묘가 만개시켜 열매 맺었다. 그 중심에는 여항의 경산사였다. 그러나 아쉽게도 한국불교 조계종이 신주처럼 받들고 있는 대혜종고와 고봉의 자취가 남아있는 저장지역은 일찍이 일본선종의 영향권 안에 있었다. 경산의 법맥은 일본승 난포조묘(南浦昭明)가 허당지우에게 전하고 일본 임제종의 조정이 되면서 한국선종은 밀리고 말았다. 2009년 대혜의 자취를 찾던 중 아육왕사의 지에위엔(界源) 방장과 뜻밖에 해후는 대혜의 부활을 이루는 결정적 계기가 되었다. 그는 "송대 대혜가 이룩한 간화선은 아육왕사에서 열매를 맺었다"고 피력하며 이제 그 선을 다시 일으키는 것이 우리 후학의 사명이라고 말했다. 참으로 놀라웠다. 대혜의 자취가 있는 저장은 일본의 영향권으로 넘어갔지만 후저우 하무산에는 고려 말 태고보우 국사가 구법하여 임제선을 고려에 전해준 흔적이 남아있어 다행이었다. 저자의 끈질긴 노력으로 2008년 겨울 650여 년 만에 〈태고보우헌창기념비〉를 하무산에 세워 그나마 한국선의 자존심을 세웠다.

송이 멸망하고 징기스칸의 후예들이 원나라를 건국하고 라마교를 정치이념으로 채택했을 때 원대에는 임제존의 북방에는 해운인간의 일파와 남방에는 석암조흠과 고봉원묘 일계가 저장성 자락의 천목산과 하무산에서 실낱같이 임제선을 이어 갔다.

천목산에서는 고봉원묘와 중봉명본이 선법을 전했고 하무산에서는 석옥청공이 은거하고 있었다. 원대 임제종은 설암조흠(雪巖祖欽), 고봉원묘, 호구소륭(虎丘紹隆), 천동함걸(天童咸傑) 등이 이었다. 송원숭악(松源崇岳)이 파암조선(破庵祖先)에게 선법을 전하길 "조선일지(祖先一支)의 법맥이 창성할 뿐만 아니라 저장성에서도 활약하였다. 원조에 남송에서 제일 유명한 선사 대도(大都)는 이 선맥에서 나왔고 원대 이후 임제종의 전승을 대표한다"고 말했다.

임제의 선을 고려에 전해준 태고보우 국사

임제종은 설암에서 석옥청공이 이었고 급암종신 아래 석옥청공이 맥을 이었다. 그후 고려의 태고보우가 고려에서 임제종을 이은 최초의 적손이 되었다. 아쉽게도 하무산을 찾는 한국인은 많지 않았다. 그러나 1996년 임제종 법손들이 찾아와 조배를 한 뒤 하무산은 변화하기 시작했다. 1996년 하무산을 처음 찾은 당시 태고종 종정을 지낸 덕암 스님은 "눈물이 앞을 가려 바다가 되었다"고 토로했다. 주민(朱敏)은 〈석옥청공과 천호암, 한·중 역사, 문화교류와 관계〉에서 이렇게 시작했다.

후저우 하무산의 석옥청공과 고려의 태고보우가 서로 불법을 전수한 지 649년의 세월이 흘러 1996년에는 한국 임제종의 인사가 조정의 유적을 참배함으로써 새로운 한 페이지를 열게 되었다.

그렇게 몇몇 한·중 연구가들의 노력으로 천호암은 회생의 기미를 보였다. 10년간 저자의 노력으로 개가를 얻은 후 중국 저명 차 연구가 커우단 선생도 천호암에 관심을 갖기 시작했다. 천호암이 중국과 한반도의 역사문화교류에 관계가 있다는 점에서 그 의미가 크다고 생각한다. 현지 지방정부의 관심 속에 천호암에서 또 다른 한국불교의 역사가 시작될 순간에 이르렀다. 일본불교계가 경산사에 머물고 있을 때 저자는 한국불교 조정인 하무산을 찾아 조배를 했다. 한국불교에 간화선을 전해준 대혜종고와 고봉원묘를 떠올리면서 임제선법을 이 땅에 전해준 석옥의 은혜를 흠모해 보았다.

송대 이후 전개된 간화선을 살펴보니 문화혁명시기에 부흥했던 선종을 지금의 대중 곁에 다가갈 수 있었던 까닭은 화두, 즉 실참을 통해 깨달아가는 수행법이 현대와 접목되는 때문임을 알 수 있었다. 그 수행법을 중국이 선칠수행법으로 이어가고 한국은 동안거와 하안거 기간에 수행하면서 나를 찾는 견성의 길로 나아가고 있다.

2008년 12월 15일 후저우(湖州) 묘서진(妙西鎭) 하무산(霞霧山) 옛 터에서 뜻 깊은 일이 있었다. 석옥(石屋)으로부터 선을 이어받아 고려에 전한 태고보우(太古普愚)를 기념하는 〈한·중우의해동선종중흥현창기념비(韓中友誼海東禪宗中興顯

彰紀念碑〉 제막이 있던 날이었다. 태고 선사가 석옥청공 선사로부터 임제의 법맥을 이어온 지 660년 만에 기념비가 건립되었다. 그날따라 하늘에서 서광이 비치더니 바람 또한 잔잔했다. '한·중 우의정'의 대련(對聯)에 적혀 있는 '하무산에 중국과 한국의 선풍이 동일한 맥으로 비추시었다(霞霧照中韓禪風同一脈)'라는 말이 실감나는 순간이었다.

이번 〈태고보우현창기념비〉 제막을 계기로 한국의 위상을 세우게 되었다. 지금까지 중국에서 전액을 부담하는 일방적 교류와 달리 50대 50의 공동투자로 좋은 선례를 남겼다.

의천(義天)이 활약한 항저우 고려사 또한 중·일 합작으로 그 자리에 화가산장을 건립하면서 중국에서도 일본불교를 뒤쫓아가는 형편이었다. 그러나 2001년 10월 허베이성(河北省) 백림선사(柏林禪寺)에서 〈조주고불선차기념비〉와 2005년 10월 쓰촨성(四川省) 대자사(大慈寺)에 〈무상선사행적비〉가 세워지면서 중국불교계와 정부의 태도가 달라지기 시작했다. 그리고 결국 저자가 오랫동안 공들인 한·중 우의가 결실을 맺기에 이르렀다.

이번 후저우 〈태고보우현창기념비〉 건립은 하무산이 천목산과 함께 남송시기 선종의 중심임을 알려준다. 또한 석옥청공의 법계를 원나라 고봉원묘의 스승인 설암조흠의 일맥으로 계승한 점에서 시사하는 바가크다. 더욱이 석옥은 설암조흠(雪巖祖欽) - 급암종신(及庵宗信)으로부터 그 선맥을 이었다. 대혜종고 이후 150년 만에 고봉 선사가 간화선을 만개시켰다. 그렇게 보면 대혜의 법맥을 고봉이 잇고 고봉, 설암, 석옥은 일파로 볼 수 있다. 석옥의 법맥 또한 고려의 태고보우에게 전해졌으니 간화선이 태고보우에 의해 고려 땅에 만개했다고 볼 수 있다.

90년 말까지만 해도 중국선종은 그림자였다. 그런데 2000년 초 그 불씨가 타오르면서 비로소 중국선종은 깨어나게 되었다. 저자가 맨 처음 구산선문의 원류를 찾아 장시성을 찾았을 때 한국선종계에서는 누구 하나 관심을 갖지 않았다.

2000년 8월 난창(南昌) 우민사(佑民寺)에서 첫 민간교류를 시작했을 때 삼엄한 경계 속에서 선종의 불씨가 타올랐다. 저자의 노력으로 장시 선종과 신라 선종에 관한 첫 국제학술회의가 개최된 것이다. 당시 장시성 보봉사(寶峰寺) 방장이었던 이청(一誠) 스님의 감격에 찬 법어는 이렇게 시작된다.

"한·중 두 나라 사람들의 우호관계는 흐르는 물처럼 이어졌다. 그런 연유로 오늘 이 자리는 한·중의 끊어진 선맥을 다시 잇는 자리이다."

당시 학술회의에 참가한 보림사 묵산 스님은 '우리 불교 만만세'를 외쳐 충돌의 순간까지 몰고 갔다. 그 순간을 슬기롭게 극복하지 않았더라면 오늘 한국과 중국에 선종의 확고한 믿음이 싹트지 않았을 것이다.

왜 고봉과 대혜에 매달리는가

최근 한국선종계가 대혜와 고봉원묘의 자취를 찾아 저장성을 순례했다. 조계종의 대표적 선지식인 고우 스님(봉화 금봉암 주지), 대강백 무비 스님(범어사 승가대 학장)이 108명의 순례단을 이끌고 2008년 3월 10일부터13일까지 저장성, 장쑤성, 닝보의 아육왕사 천룡사, 항저우 천목산, 고려사, 정자사, 위항(余杭)의 종산사, 장쑤성 쑤저우의 천녕사 등을 돌아보고 왔다. 이유인즉 한국선불교 수행법인 간화선(看話禪)을 남송시기 대혜종고가 주창했고 고봉원묘 선사가 꽃피웠기 때문이다. 한국선종의 중심이 그로부터 시작됐기에 대혜와 고봉의 자취를 더듬어 보는 것은 조계의 후학들로서 책임이라고 말했다. 그리고 두 선사의 행화 자취를 더듬어 보면서 선의 여명을 밝히는 지침으로 삼고자 했다. 특히 대혜 선사의 《서장(書狀)》과 고봉 선사의 《선요(禪要)》는 조계종 간화선 수행의 교과서나 다름없다.

순례길에 오른 고우 스님은 중국 땅을 밟자 첫 일성으로 대중들에게 다음과 같이 말했다.

"우리가 선을 공부하는 목적은 본래 부처의 자리인 공(空)을 깨달아 날마다 향상되고 좋은 날이 이어지는 행복의 세계가 어떤 것인지 간절하게 느끼는 순례가 되어야 한다."

오늘날 한국선종의 지침이 되다시피 한 대혜종고의《서장》을 씨줄로 한국선종계의 후학들이 그의 행화 자취를 더듬는 것은 당연한 귀결이다. 간화선을 일으킨 대혜는 송나라 철종 원우 4년에 태어났다. 성은 해씨(奚氏), 위는 종고, 호는 대혜로 16세 때 자운원(慈雲院)의 혜제(慧齊) 선사를 의지 출가했다. 뒷날 송나라 선종을 주도한 대혜는 어느 날 당쟁에 휘말려 귀양살이를 한다. 그의 나이 67세 아육왕사(阿育王寺)에서 수행할 당시 1만 2천여 명의 사부대중이 그를 따랐을 정도로 선기가 번득였다. 당시 송은 요나라와 금나라의 침략으로 무너진 중화인의 자존심을 대혜의 간화선으로 세우려 했다. 《서장》을 통해 간화선의 정통을 바로 잡으려 했던 것이다.

대혜 간화선의 핵심은 다음과 같다.

만일 바로 깨닫는 길을 가려면 저 한 생각을 일으키라. 그러면서 마음에 깨달음을 얻어 생사를 마칠 것이다.

지금도 아육왕사 벽면에 화두를 비추어 보라는 '조고화두(照顧話頭)', 염불하는 자가 누구냐는 '염불시수(念佛是誰)'라는 글귀가 있다. 이 말은 오늘날 중국선종의 근간이 되고 있다. 또한 대혜종고의 간화선을 이은 고봉원묘는《선요》를 통해 한국선종의 근간을 이루었다. 그는 천목산(天目山)을 중심으로 활동했다. 뒤로 물러날 수도 없고 앞으로 나갈 수도 없는 사관(死關)에서 고행하면서 선의 등불을 밝혔다.

　고봉은 임제의 18대 적손으로 《대혜어록》을 읽다가 나름대로의 견처(見處)를 얻어 도오(道悟)의 경지를 이루었다. 그 뒤 대혜가 주장한 간화선은 고봉원묘에 의해 만개되었다고 전하고 있다. 그런데 아쉬운 것은 한국에 선종을 전한 석옥청공을 우리가 잊고 있다는 사실이다. 태고보우를 통해 임제종을 이어 온 석옥은 하무산을 중심으로 선의 여명을 밝혔다. 대혜의 《서장》, 고봉의 《선요》가 한국선종의 근간을 이어 오면서 조계 후학들이 대혜와 고봉의 자취를 찾았을 때 석옥의 선은 어디 있었는가.

　대혜, 고봉, 석옥을 먼저 떠올리는 것은 간화선이 그로부터 시작되었다고 해도 과언이 아니기 때문이다. 마조선이 중국선학뿐 아니라 동아시아로 관통한 까닭은 신라의 구법승들이 마조문하를 찾아가 인가받고 돌아와 선의 불법을 피웠기 때문이다. 다만 구산선문 중 마지막 산문인 수미산파가 운거도응을 통해 한국 땅에 들어와 사무외(四無畏) 대사를 통해 조선 후기까지 조동선 일색으로 재편되었다. 그 사실을 상기시켜 보면 조동과 임제의 양 날개가 꺾이지 않고 한국선종에 면면히 살아 있음을 알 수 있다.

목 차

2장 고봉 평전

부록

대혜 평전

大慧

大慧宗杲禪師

남송시대 간화선을 주도한 대혜는 오조법연으로부터 원오극근에게 계승한 화
두를 참구해서 깨닫는 간화선을 발전시켜 대성시킨 그의 발자취를 따라 대
혜의 선맥을 탐구해본다.

대혜종고는 누구인가

1127년 금나라(여진족)에 의해 북송이 멸망하고 흠종(欽宗 · 1100~1161)
의 동생 조구(趙構 · 1107~1187)가 난징응천부(南京應天府)에서 황제로 즉
위하여 송을 부활시키고 수도를 저장성 임안(지금의 항저우)으로 정했다. 이른
바 남송(南宋, 1127~1129)의 시대가 활짝 열린 것이다.

대혜종고는 1089년 북송의 혼란한 시기에 태어났다. 안후이성 선주(宣州)
영국현 사람이다. 성은 해씨이고, 이름은 종고, 자는 담회(曇晦), 호는 묘희
(妙喜)라고 전한다. 어머니가 꿈을 꾸었는데 선인이 한 스님을 모시고 와 모친
이 누워있는 방으로 찾아왔다. 어머니가 그에게 어디서 사느냐고 여쭈니 그는
악(嶽)의 북쪽에 산다고 말했다. 깨어나니 꿈이었다. 그 뒤 태기가 있어 출산
일이 되자 흰빛이 방을 비추니 온 읍의 사람들이 기이하게 여겼다.

안후이성 영국현은 대혜의 고향이었다. 대혜는 13세가 되자 향교에 입학하
여 13일 째 되는 날 실수로 선생의 모자를 망가뜨렸다. 그 배상으로 300냥을
물으니 아버지가 그를 꾸짖었다. 그러자 대혜는 말하였다.

"세간의 책을 읽는 것이 어찌 출세간의 법을 공부하는 것만하리오."

부친이 말하였다.

"내 너를 일찍 불문에 귀의 시키려고 마음 먹었다."

대혜는 늘 세속에 공허함을 느꼈다. 16세가 되자 대혜는 부모의 허락을 받고 영국현(寧國縣) 서쪽에 있는 절에 머물렀다. 대혜가 추가한 그 절은 놀랍게도 하택신회가 창건한 사찰로 알려지고 있다. 대혜의 존재를 알 수 있는 비편에는 이렇게 쓰여있다. 동고사(東固寺) 대혜선사가 수행했다는 명문이 기록되어 있다. 그해 동산 해운원으로 찾아가 혜제 스님을 스승으로 모셨고 그 다음해 경적사에서 구족계를 받았다. 그리고 16세 때 부용도해(芙蓉道楷)의 제자인 동산도미(洞山道微)에게 배운 뒤에 임제종 황룡파(黃龍派)인 담당문준(湛堂文準 · 1061~1115) 스님에게 가르침

간화선을 일으킨 대혜종고

을 받았다. 어느 날 문준 스님의 병세가 악화되자 대혜는 엎드려 말했다.

"스님께서 병환으로 일어나지 못하면 저는 누구를 의지하오리까?"

"원오극근(圓悟克勤) 스님이 좋을 듯하오. 나는 그를 모르지만 그대가 만일 그를 만난다면 반드시 나고 죽는 일을 깨칠 수 있을 것이외다."

대혜종고는 원오극근 선사를 만나기 전 담당문준 스님에게 수학했다. 당시

대혜가 26세 때의 일이다. 어느 날 문준 스님이 대혜종고를 방장실로 불렀다. 문준 스님이 종고 스님을 찬찬히 보더니 말했다.

"내가 가지고 있는 선은 모조리 그대가 다 익혔다. 염고(拈古), 송고(頌古), 소참(小參), 보설(普說), 모두 그대에게 전하였다. 그런데 단 하나 그대가 아직 모르는 것이 있구먼."

"제가 무엇을 모른단 말입니까?"

"문득 깨닫는 이치를 모른단 말이오. 내가 방장에서 그대에게 말할 때는 분명히 선이 있다가도 방장을 뜨자마자 바로 사라져버리고, 깨어나서 생각하고 있을 때는 분명히 선이 있다가도 잠이 들자마자 사라져버리는 이치 말이요. 어찌 그런 경계에서 생사를 겨눌 수 있겠는가."

대혜가 머리를 조아리며 말했다.

"그런 경계는 저로서도 도무지 알 수 없습니다."

대혜의 법기를 알아차린 문준 스님은 열반에 들즈음 원오극근 선사에게 사사할 것을 권했다.

스승이 열반한 뒤 그는 장상영(張商英·1043~1121) 거사와 마주친다. 대혜가 장상영 거사를 만나게 된 데는 종고의 동지인 이팽 등과 스승의 탑명을 논의하는 중에 있었다.

"누가 왜 스님의 탑명을 지을만한가?"

이팽이 말했다.

"무진장공(張公)은 진정 부자(父子)에게서 대법의 인연을 맺어서 우리 스님과 서로 행해(行解)가 통하니 장공의 문장이 아니면 후세에 신용을 얻지 못할 것입니다."

대혜가 말했다.

"제가 비록 공을 알지 못하나 공의 가풍을 들으니 행법을 앞세우고 뒤에 기변을 둔다고 하였습니다. 제가 가서 청하겠습니다."

대혜는 도솔사에 가서 노선사에게 소개장을 써달라고 부탁하여 형남으로 가 무진 거사 장상영에게 스승인 담당문준의 탑명을 부탁하기에 이른다. 대혜를 처음 만났을 때 장공은 선채로 물었다.

"스님은 이렇게 짚신을 신고 오셨소."

"저는 수천 리를 와 상공(相公)을 만나고자 합니다."

"나이가 몇이오?"

"스물여덟입니다."

"수고우(水牯牛)의 나이는 몇이오?"

"두서넛입니다."

"어디에서 이러한 헛된 것을 배웠소?"

"오늘 상공을 친견(親見)합니다."

장공이 웃으며 말했다.

"앉아서 차나 마십시다."

앉자마자 다시 물었다.

"멀리서 온 것은 무슨 까닭인가요?"

대혜는 인사를 드리고 말했다.

"늑담(泐潭)의 준(準) 화상이 돌아가셨습니다. 다비(茶毗)를 하니 눈동자와 이와 염주(念珠)는 모두 부서지지 않았으며, 사리(舍利)가 무수히 나왔습니다. 산중의 장로들이 모두 대문호(大文豪)이신 상공께서 탑명을 쓰시기를 원하여 저에게 당부하는 바람에 일부러 멀리서 와 상공(相公)께 폐를 끼치게 되었습니다."

대혜를 보더니 상공이 말하였다.

"헛된 이룩 때문에 보답을 지게 되었소. 아직까지 남을 위하여 글을 지운 적이 없습니다."

"오늘 스님께 한마디 묻겠소. 스님이 말할 수 있다면 글을 지울 것이고 말을 하지 못하면 다섯 꾸러미의 돈주머니를 드릴 테니 도솔천으로 돌아가 참선하는 것으로 만족하시오."

대혜가 말하였다.

"상공께서 물어보십시오."

"듣기로는 준 화상의 눈알이 부서지지 않았다고 하는데 맞습니까?"

"그렇습니다."

"나는 이 눈알을 물은 것이 아니오."

"어떤 눈알을 물었습니까?"

"금강의 눈알을 물었소."

"그렇다면 제가 그 금강의 눈동자에 점을 찍어 그 빛으로 하늘을 비추고 땅을 비추오리다."

그러자 스님 앞으로 나아가 몸을 숙이고 말하였다.

"스승께서는 복이 많으신 분입니다."

그리고 장상영으로부터 묘희와 담회라는 법호를 대혜에게 전해준다. 그때가 선화 2년 대혜가 32세 때였다. 장상영 거사와 대혜의 인연은 대혜가 거사에게 스승 문준의 비명을 부탁하면서 맺어졌다. 대혜를 찬찬히 살펴본 장 거사는 그의 법기가 높음을 간파하고 원오극근과 연을 이어준다. 그러나 대혜는 자신이 스승으로 여기는 원오극근을 곧바로 찾아가지 않고 각처를 주류하다가 1125년 선화 6년(36세)에 원오극근을 천녕사(天寧寺)에서 만나 그의 법을 이어받았다. 이로서 대혜는 임제종 양기파의 적손이 되었다.

선종의 갈래로 놓고 볼 때 문준 스님은 황룡파(黃龍派)에 속해 있었고 원오극근은 양기파(楊岐派)에 속해 있었다. 종풍이 다름에도 불구하고 문준 스님이 양기파를 권유한 것은 예삿일이 아니었다. 양기방회(楊岐方會)가 임제의 대기대용을 시방세계의 신령스러운 물건에 비유한 정신을 대혜가 이어가 간화선을 정립하기에 이르렀다.

대혜의 스승 문준 스님의 양기파가 후세까지 그 위력을 떨친 반면, 그 위세가 160년간에 그친 황룡파는 그 뒤 나락의 길로 들어섰다. 이를 미리 예측한 문준은 뛰어난 혜안을 가진 선사였다.

임제의현을 종으로 하는 양기파와 황룡파는 중국선종사의 오가칠종 중 두 개의 문파로 그 영향력이 지대했다. 더욱이 황룡파가 쇠퇴해가자 양기파는 꾸준히 세력을 떨쳐 남송 때에는 거의 독무대가 되다시피 하였다. 그 중심에 대혜종고가 있었다. 대혜종고는 임제종 양기파의 눈부신 활약에 힘입어 원오극근을 스승으로 대기대용을 천하에 떨치게 되었던 것이다.

주자를 이끌었던 대혜

주자상

개선도겸(開善道謙) 선사는 대혜의 가르침을 받은 제자다. 그는 졸암덕광(拙菴德光 · 1121~1203, 불조 선사), 나암정수(懶庵鼎需 · 1092~1153), 효형중온(曉瑩仲昷 · 1116~?)과 더불어 대혜의 간화선을 이끌었으며 주자(朱子 · 1130~1200)와도 인연이 깊다.

어느 날 주자는 개선도겸(開善道謙) 선사에게 편지를 보내어 말하길, "예전에 묘희(대혜를 가리킴) 선사의 지도를 입었습니다. 응당 종전처럼 기록된 일이나 문자를 마음속으로 생각하고 헤아리던 것은 털끝만큼도 마음속에 두지 말고 단지 조주 선사의 '개도 불성이 있느냐, 없느냐라는 화두를 늘 붙들었습니다. 한마디로 말씀을 받들기 원하오니 미치지 못한 바를 깨우쳐 주십시오"라고 하였다.

이에 스승은 답했다.

"나는 20년 동안 의심이 없는 경계에 이르지 못했다. 나중에 홀연히 잘못됨을 알고서 용맹스럽게 앞으로 나아가 스스로 단칼에 두 쪽을 내고서 이 생각만을 붙들었다. 조주의 무자화두는 생각으로서 헤아려서는 안 되며, 알음알이로 나아가서도 안 되며, 억지로 받아들여서도 안 된다"고 했다. 그 말에 주자는 깨달은 바가 있다고 했다.

이 말은 《불법금탕편(佛法金湯編)》에 나오는 말로 대혜가 주자를 가르쳤던 말이 틀림없다. 잘 아는 바와 같이 대혜의 불교인연은 원오극근(圓悟克勤) 선사와의 인연에서 비롯되었다. 원오 선사가 《벽암록》을 저술, 선문의 정통을 세웠듯이 원오극근 문하에서 나온 대혜가 간화선을 정통으로 세운 것 또한 우연이 아닐 것이다.

뒷날 대혜가 간화선의 맹주가 되면서 주자가 학문의 씨앗인 불교를 배척한 배경은 두고두고 연구할 과제이다. 그러나 대혜가 주자에게 불교의 가르침을 전해준 것은 틀림없는 사실이다. 주자는 대혜의 스승과 대혜의 제자인 개선도겸 선사에게 가르침을 받았다.

주자의 스승 이연평(李延平)의 책에는 이런 구절이 있다.

'주자는 처음에 개선도겸의 처소에서 공부를 했다.'

그런데 주자는 어떤 계기로 유가의 길을 걸었을까. 대혜로부터 선불교의 영향을 받았던 주자는 왜 선불교를 비판하고 유학을 선택했을까.

원오극근과 대혜, 그리고 개선도겸 등을 통해 불교의 가르침을 받았던 주자는 유가의 맹주가 되면서 선불교를 비판하기 시작한다. 이는 대혜가 묵조선을 비판한 것과 같은 맥락이다.

간화선, 즉 공안선의 태동은 오조법연과 원오극근 시기에 싹트기 시작했다. 이어 대혜종고가 여러 공안들에 대한 착어와 평창을 달아 편집한《정법안장》이 출현하면서 간화선의 서막이 열렸다. 당시는 조동종의 묵조선이 유행한 시기였다. 대혜가 묵조선을 묵조사선이라고 비판하면서 둘은 물과 기름의 관계로 악화되어 갔다. 그러나 주자처럼 자신을 길러준 은인을 배신하고 유가로 변심한 것과는 차원이 다르다.

무이산은 유·불·선이 어우러진 종교적 이상향이었다. 그러나 주자가 안착하면서 무이산에는 유가의 사상이 도도히 흘렀다.

원오극근묘탑을 찾은 구도의 행렬

원오극근 선사를 만나다

대혜종고는 스승인 담당문준 선사로
부터 원오극근 천거를 받았으나 원오 선
사를 곧바로 만나지 않았다. 선화 4년
에 처음으로 서울에 간 대혜는 문준의
유언과 장상영 거사의 권유를 따라 금릉
의 장산(蔣山)에 살던 원오 문하로 들어
가려 했다.

그러나 한참 뒤에야 원오극근 선사가
천녕사에 머물게 되었는데 대혜에게 그
를 만날 기회가 왔다. 그리고 독백처럼
말했다.

"이 노사(老師)를 참으로 하늘이 나에
게 내리시는구나! 다행히 이미 도성에
다다라 있으니, 얼른 소원대로 원오 선

대혜에게 가르침을 전한 원오극근

사를 만나 봐야 겠다.”

대혜는 담당과 무진 거사가 부탁한 말을 태재에게 여러번 알리고, 미리 천녕사로 가서 원오가 오기를 기다리겠다고 말했다. 그러나 합부(闔府)가 만류하는 바람에 뜻을 이루지 못하자, 몰래 하인을 시켜 자기 집 창고로 짐을 옮겨 놓도록 했다. 원오가 도성의 문 가까이 와서야 비로소 관무당(關無黨)에게 부탁하여 약리(中吏)에게 사사로이 알려서 사부(祠部) 몰래 홀로 가게 하였다.

대혜는 이에 스스로 생각하였다.

“스승을 만나기 위해 9년을 기다려 왔다. 이 분의 선(禪)이 만약 여러 곳의 선과 다르지 않고 헛되이 나를 옳다고 여긴다면, 나는 ‘선(禪)이란 없다’는 무선론(無禪論)을 지을 것이다. 자신을 속이고 공연히 정신을 허비하여 세월을 낭비한 것이니, 널리 한 권의 경(經)이나 한 권의 논(論)을 붙잡고 수행(修行)하여 후생(後生)에 불법(佛法)속의 사람이 되는 것을 놓치지 않도록 하는 것이 더 나을 것이다.”

그러나 원오는 곧바로 대혜를 인가해 주지 않았다. 어느 날 대혜가 원오극근의 설법을 들을 수 있었다. 《오가종정찬(五家正宗贊)》의 〈원오극근〉편에는 대혜와 원오의 극적인 깨달음을 다음과 같이 기술하고 있다.

《오가종정찬(五家正宗贊)》의 〈원오극근〉편에 대혜종고와 관련된 일화가 실린 부분

하루는 스님이 상당하여 '많은 부처님이 몸을 나타내신 곳은 어떤 곳이냐'는 물음에 '동산이 물 위로 간다[東山水上行]' 하신 운문(雲門) 선사의 화두를 들려 주고는 말했다.

"나는 그렇게 말하지 않겠다. 갑자기 누군가 나에게 '많은 부처님이 나타난 곳은 어떤 곳이냐'고 묻는다면, 나는 그에게 '훈훈한 바람이 남녘에서 불어오니 법당 모서리에 서늘한 기운이 감도는 구나'라고 말할 것이다."

이 말에 대혜 선사는 느낀 바가 있었다. 그 후 대혜 선사는 수좌가 되어 불자를 잡고 설법하였는데, 그 이튿날 시골뜨기 스님 하나가 올라와 물었다.

"어젯밤 수좌의 설법이 어땠습니까?"

스님은 손가락으로 코를 쥐어 보이고 한 차례 북을 치자 대중들이 크게 웃었다. 이에 대혜 선사가 곧장 방장실로 올라가 떠나겠다고 하니 스님께서 말했다.

"어젯밤에는 삼세 모든 부처님이 너에게 욕을 먹었고 육대 조사 또한 너에게 욕을 먹었는데 내가 코 좀 쥐었다 해서 네가 떠날 수는 없을 것이다."

대혜 선사는 자기도 모르게 식은땀이 흘러내렸다.

그때 대혜는 원오극근의 법문을 듣고 충격을 받아 한 동안 그 자리에서 일어나지 못했다. 문득 깨달음의 경계가 드러났다. 동산과 훈풍이 왜 다를까. 그전에 대혜 선사는 동(動)과 정(靜)이 대립의 흔적을 보였는데 원오극근의 설법을 들은 뒤부터 동정일여의 풍광이 눈앞에 펼쳐졌다.

그런 뒤에도 원오극근은 대혜를 쉽사리 인가해 주지 않았다. '유구, 무구, 등 나무가 다른 나무에 기대고 있다' 등의 화두를 주면서 그 화두를 참구토록 하였다. 대혜는 그 화두를 붙든 지 6개월 만에 타파하였다. 그때부터 대혜는 원오극근에게 사사케 되었는데 이때가 1125년이었다. 그런 뒤 원오극근은 대혜와 함께 사원을 건립하고자 했다. 그러나 대혜는 "차라리 이 몸으로써 중생을 대신하여 지옥의 고통을 받을지언정 끝내 불법으로써 인정에 휘말리지 않겠노라"고 맹세했다. 그 후 대혜의 명성은 천하가 주목케 되었다.

선이 시작된 땅 막부산 달마동

동광 스님과 대혜(大慧宗杲·1089~ 1163)의 자취를 찾아 구도의 길에 오 른 2009년 5월. 서울을 출발한 비행기 는 2시 40분이 되어서야 난징(南京)공 항에 도착했다. 일행은 대혜의 활동 근 거지인 저장(浙江)으로 가지않고 막부 산으로 향했다. 대혜 선사가 말년에 간 화선을 제창한 경산사를 곧장 찾지 않 고 달마가 중국 땅에 맨처음 선을 전파 한난징 막부산 달마동으로 달려간 까닭 은 그곳에서 능가선이 시작되기 때문이 다. 막부산(幕府山)은 바로 달마가 양무 제와 결별하고 위나라로 가기 직전 은거 했던 곳이었다. 난징공항을 출발한 일

달마동 가는길

난징 막부산에 자리한 달마동굴

행은 연자기(燕子磯)를 거쳐 막부산에 이르렀으나 달마동굴은 쉽사리 발견되지 않았다. 예전과 달리 달마동 입구가 변했기 때문이었다.

막부산은 난징시 외각의 서북 방면의 양쯔강이 바라다보이는 곳에 있다. 서북에는 원문(元門)이 있고, 동쪽으로는 연자기가 있다. 연자기에서 달마동까지는 12리(里) 정도이다. 막부산 가는 길에 삼태동(三台洞)이 있는데 그 아래 관음동(觀音洞)은 장제스(莊介石) 총통의 은거지를 기념하면서 달마동과 이어지는 관광코스로 개발 중이었다. 달마동은 삼태동과 관음동을 지나는 막부산 협라봉 아래에 있었다. 6년 전에 이 지역을 찾았을 때는 촌락이었지만 지금은 말끔히 정돈되었다.

걸망을 짊어진 동광 스님이 앞을 서고 그 뒤를 따라 가파른 계단을 올라갔다. 막부산 정상에 이르니 달마동이 나왔다.

달마동은 양쯔강이 한눈에 내려다보이는 첩첩산중에 자리하고 있었다. 전에

달마동굴 앞에서 합장하는 동광 스님

이 곳을 찾았을 때는 동굴만 덩그러니 있었는데 6년 전 한 스님이 달마의 구도
길을 좇아 동굴에서 홀로 은거하며 참선수행을 하고 있었다. 당시 파룬궁이
중국을 뒤덮고 있어 파룬궁으로 오해받을 소지가 있기에 불상을 모셨다고 한
다. 그가 바로 70세에 진정한 수행의 사표에 이른 후이옌(慧嚴) 스님이었다.
　난징(南京) 막부산의 달마동굴에 얽힌 내력은 다음과 같이 전해온다.

　달마가 광저우를 거쳐 양나라로 들어간 것은 500년 대 말이었다. 양나라의 당시 수
도는 지금의 난징이었다. 달마가 난징으로 들어온 시기에는 불심천자(佛心天子)로 일
컬어지는 양무제가 선정을 닦으며 불법의 바다에서 노닐고 있을 때였다. 이때 양나라
에는 무제의 스승으로 높이 추앙받고 있던 보지공(寶誌公) 선사가 있었다. 선사는 무

제와 대면했다. 순간 두 사람의 눈빛은 예사롭지 않았다. 먼저 무제가 말문을 연다.

"나는 불탑을 세우고 수많은 절을 짓고 스님들을 높이 받들었는데 어떠한 공덕이 있겠습니까?" 이에 달마는 "아무런 공덕도 없다"라는 말만 남기고 사라져 버렸다.

달마는 양무제와 결별한 뒤 막부산 도사석촌(渡師石村)으로 들어 갔다.

막부산 정상에 동굴이 있는데 달마는 그 곳에서 때를 기다렸다.

불심천차로 일컬어지는 양무제의 스승으로 높이 추앙받고 있는 지공 선사가 때마침 황궁으로 들어오게 되자 무제가 그에게 물었다.

"달마는 어떤분입니까?"

"관음보살의 화신입니다."

그말 끝에 무제는 신하를 시켜 그를 뒤따라갔다.

황제의 사신들이 막부산에 도착했을 때 서북쪽 두 봉우리의 계곡이 좁아지면서 닫혔다고 한다. 달마는 곧 갈대를 타고 북으로 가버렸다.

후에 막부산에는 동굴이 하나 발견되었는데 사람들은 그 곳을 달마동이라고 불렀다.

막부산은 난징시 서북방면에 있다. 끊임 없는 산으로 이어져 있으며 서쪽으로는 원문(元門)이, 동쪽으로는 연자기에 이른다. 길이는 12리(里) 정도이다. 그리고 달마동 아래엔 삼태동이 있다. 장제스 총통이 은거하던 어느 날 산 위에서 돌이 떨어졌는데 물 아래로 하늘 천(天)의 그림자가 생겼다고 했다. 이처럼 달마가 관음의 화신이라는 흥미로운 사실은 곳곳에 묻어난다.

해가 서산에 걸려있을 즈음 달마동에 이르렀다. 이 동굴의 암주 후이옌 스님이 도량을 돌고 목탁을 두드리며 나무아미타불을 염송했다. 염송을 마치고 막 동굴로 들어가려던 스님은 우리를 보더니 반갑게 맞았다. 밖에는 이슬비가 하염없이 내렸다. 우리는 동굴 속으로 들어가 부처에게 삼배를 올린 뒤 동굴 밖으로 나왔다. 달마동을 지키는 후이엔 스님에게 달마의 벽관수행을 묻자 "달마의 벽관수행은 대하가 되어 양쯔강의 물결처럼 흘러갔다"고 단박에 말해왔다. 그 말에 양쯔강을 살피니 막부산 아래 강물처럼 도도하게 흘러가고 있음을 절감할 수 있었다.

막부산은 다섯 봉우리로 이루어졌는데 주 봉우리는 북고봉(北固峰)으로 높이는 70여 장(丈)에 이르며 봉우리 아래에는 깊은 석동(石洞)이 있다. 여기서 수행하는 후이엔 선사는 이 시대 달마의 현신처럼 보였다. 달마 대사가 선의 여명을 밝혔던 막부산 달마동굴 앞에서 한·중 두 스님(동광, 후이엔 스님)의 아름다운 이야기는 시간가는 줄 모르고 이어졌다. 해가 서산에 기울어질 즈음 후이엔 스님과 아쉬운 작별을 하고 천천히 막부산을 내려왔다.

대혜의 간화선 자취를
찾아간 구도자들

온갖 풍상을 겪은 대혜
선의 바다를 열다

원오극근과의 대면

원오극근 선사의 가르침을 받은 오조법연과 대혜종고에 의해 간화선을 제창하지 않았더라면 임제종의 양기파 선풍은 맹아로 남았을 것이다. 그러나 대혜가 등장함으로 더욱 발화되었다. 대혜의 《종문무고》에서 그의 살림살이를 엿볼 수 있는데 몇 편을 살펴본다.

대혜 선사가 운거산 운거사에 수좌로 있을 때 일이다. 어느 날 서적장(西積莊)에 갔다가 원통사에서 온 객승을 만났는데 그가 말했다.

"여자출정(女子出定)' 화두에 관한 수좌의 송을 보고 깨달은 바가 있어 수좌의 인가를 받고자 찾아왔습니다."

"그런 게 아니니 가보게나."

"제가 아직 깨달은 바를 이야기하지도 않았는데 어찌하여 그게 아니라고 하십니까?"

스님은 거듭 손을 저으며 말했다.

대혜종고의 활동 지역 지도

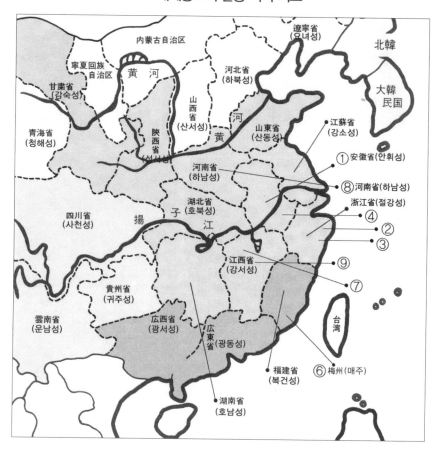

① 선주(宣州) 대혜고향

② 천동사(天童寺)

③ 아육왕사(阿育王寺)

④ 경산사(徑山寺)

⑤ 천목산 고봉사관(天目山 高峰死關)

⑥ 매주(梅州)

⑦ 홍주(洪州) 도속사(道俗寺)

⑧ 개봉(開封) 천녕사(天寧寺)

⑨ 운문암(雲門菴)

장시성 양기산 보통선사에 걸린 양기파를 알리는 양기산

"가보게. 그런 게 아니니."

객승은 부끄러워 물러갔다.

원오극근이 어느 날 수좌실에 와서 설법하였다.

"밀인 장로는 4년 전에 이어 이 경지를 보였는데 금산에 와 법좌에 올라서도 이 경지만 되풀이할 뿐이로다. 보검을 가득 실은 수레에서 한 자루만 빼어들어도 사람을 죽일 수 있는데 굳이 밑바닥이 보일 때까지 다 끄집어 낼 것인가."

그때 한 스님이 이 설법을 듣고 대혜 선사에게 말했다.

"제가 지난날 그의 소참어록을 보고 그가 평소 세밀하고 풍부하게 공부했음을 알게 되었습니다. 이 때문에 그는 대중을 마주하여 하나가 끝나면 또 하나씩, 이렇게 알고 있는 바를 모조리 드러내려고만 하였지 쉴 생각은 없었던 것입니다."

대혜 선사가 말했다.

"사실은 그게 아니다. 용은 반 잔의 물만 있어도 구름과 안개를 일으키고 큰 비를 내릴 수 있는데 굳이 무엇 때문에 바다 속으로 수레를 몰고 가면서 '나에게 많은 물이 있다'고 하겠는가?"

참선경책에 대한 대혜 선사의 지론은 확고했다.

어느 날 대혜 선사가 말했다.

"요즘 참선하는 사람들은 마치 파리 떼와 같아서 조금만 비린내가 풍겨도 그곳에 머물고 만다. 처음부터 그런 것을 모두 뽑아 깨고 아무 냄새 없는 곳을 찾아 평지에 머물러야 한다.

예로부터 학인들을 잘 지도하는 목주도명 선사가 있는데 그는 대중에게 '너에게 앉을 곳이 있는 것을 보면 곧장 깎아 없애고 처음부터 모든 것을 깎아 나아가야 한다'고 말했다."

원오극근과 나눈 대혜의 살림살이에 관련해 이참정의 질문에 같은 구절이 나온다. 《대혜보각서》는 다음과 같이 기록한다.

나(山野)는 일찍부터 큰 소원이 있었는데, 비록 이 몸이 일체 중생을 대신하여 지옥의 고통을 받을지언정, 절대 입으로 인정(人情)과 불법을 타협시킴으로써 모든 사람의 눈을 멀게 하지는 않겠다는 것입니다. 물론 당신은 이미 그러한 경지에 이르렀으므로 이 일은 남에게 매달려서는 얻지 못함을 알고 있습니다. 다만 이제까지처럼 그 밖에 대법(大法)이 분명한지 아닌지, 대응이 자유로운지 아닌지를 마음 쓸 필요가 없습니다. 만약 그러한 생각을 일으킨다면 이제까지와 같지 않은 것입니다.

듣고 보니(承) 여름이 지나면 다시 (성내를) 떠난다는 말씀. 아주 내(病僧) 마음에 들었습니다. 만약 그 밖에도 당황하여 불안해진다면, 당신답지 않습니다. 저번에는 당신이 대단히 기뻐하는 것을 보았기 때문에 굳이 말을 꺼내지 않았던 것입니다. 내 말이 잘못 받아들여질까 봐 두려웠기 때문이었지요. 이제는 기쁨이 다소 가라앉았기 때문에 굳이 말을 합니다.

이 일은 참으로 쉽지는 않습니다. 모름지기 부끄러워할 줄 알아야 비로소 얻어집니다. 자칫하면 소질이 뛰어난 사람이 별로 힘들이지 않고 이를 얻을 수 있기 때문에 마침내 안이한 마음을 일으켜서 (깨달은 뒤의) 수행을 하지 않고, 눈앞의 대상 경계에만 마음을 빼앗겨서 주체성을 확립하지 못하는 것입니다. 세월이 오래 지나도 헤매기만

할 뿐 돌아오지 못하는 것입니다. 도력이 업력(業力)을 이기지 못하면 악마가 틈을 엿보게 되고 틀림없이 악마에게 농락당하여 임종 때에도 힘이 나지 않습니다(無得力). 부디 전날의 내 말을 잊지 마시오.

대혜는 원래는 임제종의 황룡파에 속했다가 그의 스승 담당문준(湛堂文準)의 강력한 천거로 원오극근 선사에게 사사하면서 양기파의 수장이 되었다. 이는 담화(曇華) 스님의 〈상대혜종고사〉라는 선시에서도 드러난다.

상대혜종고사(上大慧宗杲師)

담화(曇華)

坐斷金輪第一峰	금강법륜 제일봉에 오르니
千妖百愧盡潛踪	천요백귀가 모두 사라지는구나
年來又得眞消息	연래에 참소식을 얻었으니
報道楊岐正脈通	양기방회의 정맥이 전해지는구나.

유배의 길에서
사대부와 주고받은 편지

1141년 정쟁에 휘말려 형주(衡州, 湖南省), 매주(梅州, 廣東省)로 유배되는 불운을 겪게 된다. 그 내용은《오가정종찬》에 자세히 전해온다.

당시 조정에서 신비궁을 만들고 있던 때 재상 진회(秦檜 · 1090~1155)는 대혜가 장구성(張九城)과 모의하여 대군을 일으키고 조정을 비난한다고 생각했다.

대혜가 경산사에 있을 때 다음과 같은 송이 화근이 되었다.

神臂弓一發　신비궁을 한 번 쏘니
透過千重甲　천 겹 갑옷을 꿰뚫는구나
衲僧門下看　납승의 문하를 보아라
當甚臭皮襪　어느 냄새나는 가죽 버선에 맞았는가를.

때마침 조정에서 신비궁을 만들고 있던 터라 재상 진회(秦檜 · 1090~

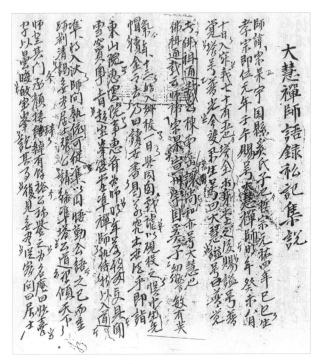

대혜선사어록에 실린 대혜의 생애

1155)는 스님과 장구성(張九成)이 모의하여 대군을 일으키고 조정을 비난한다고 생각했다. 그리하여 선사는 형주로 유배되었다가 다시 매주(梅州)로 옮겨 다녔다. 17년 뒤에야 사면되어 다시 경산사에 주지가 되었다.

대혜가 형주로 유배되었을 때 주군(州君)에서 대혜 선사의 순정(旬呈)을 면제해 주려고 하였는데 선사는 사양하면서 말했다.

"나 때문에 남에게 누를 끼쳐서는 안됩니다. 이러한 갓을 어찌 세속의 평범한 자가 엿볼 수 있겠는가"라고 단호히 거절했다. 그 뒤 형주의 요직 역통직이 소유한 서온에 머무니 사방에서 납자가 구름처럼 모여 들었다. 학인들은 식지동을 짊어지고 모여들었으나 자리가 비좁아 다 수용할 수 없었다. 이 시기에 대혜는 유배지에서 사대부와 편지를 주고 받으면 진리를 얻었다. 그중 진소경(陳少卿)에게 보낸 편지를 간추려 본다.

편지 잘 받아 보았습니다. 내가 저번에 보냈던 편지를 받으신 후로, 동중(動中) 피치 못할 처지에 부딪칠 때마다 늘 검토를 거듭해 보지만 '아직 힘들인 공부는 안 된다'는 말씀, 그 피치 못할 처지가 그냥 그대로 공부입니다. 만약 그보다 '더' 힘을 들여 검토한다면 한층 더 멀어지게 됩니다. 옛날 위부(魏府)의 노화엄(老華嚴)이 이르기를 "불교는 하루하루의 일상 생활, 즉 걷기·머물기·앉기·눕기·차마시기·밥먹기·인사 나누기의 이런저런 행동 거지 속에 있다(在). 마음을 일으키거나 생각을 움직이는 것은 도리어 옳지 않다"고 했습니다. 피치 못한 바로 그때에, 절대로 마음을 일으키거나, 생각을 움직여서 검토해 볼 뜻을 자아내면 안됩니다(切忌). 조사(祖師)가 이르기를, "분별이 생겨나지 않으면, 허명(虛明)은 저절로 비춘다"고 했습니다. 또 방온(龐蘊) 거사가 말하기를, "일상 생활에 분별은 없다. '어느 사이' 그 경우에 저절로 들어맞게 된다.

이것저것 취사 선택에 쏠리지 말고, 되어 가는 대로(處處) 싫증도 내지 마라. 붉은 옷(朱紫: 법복)을 입어 봤자 속세의 명예일 뿐, '내가 사는' 산에는 티끌 하나 없네. 신통이다 묘용이다 하나, 물 긷고 장작 나르기가 바로 이것인 것을" 했습니다. 또 옛 성인(先聖)이 이르되 "유심(有心)의 분별을 헤아림으로써 자기 마음에 나타나는 것은 하나같이 꿈이니라" 했습니다.

또한 《서장》 중에서는 증시랑에게 보낸 대혜의 편지에서 당시의 시대상황을 예견했다.

오늘날의 사대부는 흔히들 사려분별을 집으로 삼고 있기 때문에, 이와 같은 이야기를 듣게 되면 바로 "공에 떨어지지 않을까"라고 말합니다. 말하자면 마치 배가 뒤집히기도 전에 (빠질까봐) 물로 뛰어드는 격입니다. 이는 참으로 안타까운 일입니다. 얼마전 장시(江西)에 가서 여거인(呂居仁)을 만났습니다. 여거인은 오랫동안 이 단계의 인연에 마음을 두고 있는데, 역시 지나칠 만큼(深) 그런 폐단(病)이 있습니다. 그(渠)가 총명하기는 틀림없습니다. 내가 언젠가(嘗) 그에게 물어보기를 "당신은 공에 떨어지지나 않을까 염려하는(모양인)데, 염려할 때마다 알아차리는 것은 공(空)이겠습니까, 불공(不空)이겠습니까? 어디 말해 보시오." 해보았습니다. 그는 생각에 잠겨 이것저것 분별하여 대답하려 했습니다.

그러나 (나는) 놓치지 않고 벌컥 소리 지른(喝) 적이 있었습니다. 그런데 오늘날까지 (그는) 멍하게 (깨달음의) 실마리조차 잡지 못하고 있습니다. 이는 깨달음을 찾는 마음을 눈앞에 둔 채 자기 스스로 훼방 놓는 짓이지 원인이 따로 있는 것이 아닙니다. 당신은 어디 한 번 더 먼저와 같이 공부를 해 보시오. 한동안 지내 보면 저절로 대응이 자유자재로 될 것입니다. 만약 (의도적으로) 마음을 다잡아먹고 깨달음을 기대하거나 마음을 다잡고 안락을 기대한다면, 이제부터 미륵(彌勒)보살이 하생(下生) 할 때까지 배우고 닦을지라도, 깨달을 수도, 안락해질 수도 없이 도리어 고민만 자꾸 깊어질 뿐입니다.

소각사 원오극근 묘탑 앞에서 한국차인들이 다선일미를 전해준 원오극근에게 차를 올리고 있다.

원오극근을 추모하다

임제종 양기파의 적손인 원오극근의 법맥을 이어 받은 대혜는 임제 - 양기 - 원오극근으로 이어지는 임제종의 재흥을 꿈꾸어 왔다. 원오극근 선사는《벽암록》을 남겨 후세에 이름을 떨쳤다. 원오극근 선사는 송 인종 가우(嘉祐)8년 (1036)에 쓰촨성 청두(成都)에서 태어났다. 성은 락(駱) 씨로 법명은 극근이 고 자(字)는 무착(無着)으로 대대로 유학자 집안으로 숭상받았다. 어릴 때 서당에서 공부를 하였는데 하루는 천언(天言)을 암송하여 주위 사람들을 놀라게 했다. 쓰촨성 청두에서 강론을 듣다가 범촉곤(范蜀公)이 시를 지어 행각을 권유했다. 그 시는 다음과 같다.

청두 땅은 본래부터 번잡스러운 곳이니 여기 눌러 앉음은 오직 계집과 술의 유혹 때문이로다(成都本是繁華國 打住只因花酒惑).

그 시를 읽은 스님은 마침내 촉을 떠났다. 오조법연 스님에게 귀의하여 참구한 끝에 깨달음을 얻고 불감혜근 선사와 함께 하직을 고하자 오조법연 스님은

말했다. "그대들은 저장까지 가서 큰 열병을 알아야 그때서야 나를 생각할 것
이다".

　그 후였다. 원오극근은 금산에서 큰 열병을 앓았다. 혜근 선사는 정혜사에서
열병을 앓았다. 두 스님은 편지를 보내 서로 약속하고 다시 오조법연 선사를
찾아갔다. 《오가정종찬(五家正宗贊)》에는 깨달을 당시 상황을 다음과 같이 묘
사했다.

　어느 날 스님은 불감혜근, 불안청원 스님과 함께 동산 스님을 모시고 밤새 좌선을
하다가 돌아가려는데 달이 없이 캄캄하였다. 이에 오조법연 스님은 세 사람에게 각각
한 마디씩 해 보라고 일렀다. 혜근 스님은 "오직 봉황새가 하늘에서 춤을 춘다" 하였

2005년 한국에서 처음으로 원오극근선사 묘탑 앞에서 올린 헌다의식

고, 불안 스님은 "무쇠 뱀이 옛 길목에 가로누워 있도다" 하였는데, 스님은 "발밑을 보라!" 하였다. 그러자 오조법연 스님이 "우리 종문을 멸망시킬 놈은 극근이다!"고 하였다. 그 후 원오극근 선사는 조사의 유풍을 세상에 전했다. 원오극근이 후난성 협산에 있을 때 설두중현의 어록에 염(拈)을 달고 《벽암록》을 저술해 낸 것은 선종사의 큰 자취로 남는다.

1135년 8월 5일 78세로 입적한 원오극근의 법은 대혜종고와 호구소륭이 이으며 1천여 명의 제자를 길러 냈다. 원오극근의 제자 중 호구소륭은 한국 선종과 맥이 닿았다.

태고보우 국사가 원나라로 들어가 석옥청공 선사의 법을 이어받고 한국 땅에 임제선을 널리 전파하였기 때문이다. 대혜는 원오극근의 법을 이어 간화선을

원오극근선사의 묘탑을 찾아 헌다의식을 올리는 한국의 임제의법손

일으켰다. 대혜가 스승 담당문준보다 원오극근에 더 가까이 닿은 것은 원오극근이 양기파의 적손으로 그로부터 임제선이 재흥했고 원오극근은 대혜에게 임제의 재흥을 당부했기 때문이다. 대혜에게 보낸 편지에 이를 입증하고 있다.

임제의 정통종지는 마조도일, 황벽희운이 개창한 이래로 새장을 벗어나고 둥지를 떠났고, 법이 뛰고 용이 달리고 별이 날아가고 번개가 몰아치고 전진과 후퇴, 구속과 해방. 모든 것 본분에 말에 있다. 면면히 이어내려 흥화, 풍철에 이르자 물소리는 더욱 높아지고 기틀은 한결같이 올라 가도다.

《대혜보각선사어록》에는 원오극근의 추모일에 법어가 실려 있다. 원오극근의 기일(忌日)을 맞이하여 대혜는 향을 사르며 말하였다.

"존귀하고 자비로운 분께서는 평소에 목에 힘을 주고 온 세상을 깔보셨다. 지나간 어리석음 뽐내며 결의로 말씀하시길 나는 목환자(木槵子)를 가지고 천하사물의 눈을 바꿀 수 있다고 말씀하셨지만 불효한 자식에게 썩은 줄로 코를 꿰뚫을 줄은 전혀 모르셨습니다. 고삐가 이미 나의 손아귀에 있으니 그날은 살리려고 하여도 나에게 달렸고, 죽이려고 하여도 나에게 달렸도다."

향을 들고 있던 대혜 선사는 향불을 붙이고 말했다. "이것이 증표인 것입니다."

원오극근 선사로부터 법맥을 계승한 대혜종고는 원오극근 선사의 기일에 향을 사르고 그를 추모했다. 그의 후학들도 원오극근의 묘탑이 있는 쓰촨성 소각사를 찾아가 향을 사르고 차를 올렸다. 2005년 8월 마조의 고향 시방시에서 열린 마조국제학술연토회장에서 소각사 방장 연법 스님을 만나 다선일미를 제창한 소각사에서 원오극근 선사 묘탑에 헌다를 올리고 싶다고 전하였다. 연법(演法) 스님은 아직 일본에서도 헌다를 하지 않았는데 한국인으로서는 처음이라면서 기쁘게 맞이했다.

학술연토회가 끝난 다음날 소각사를 찾아가 원오극근 선사 묘탑에 헌다의식을 진행하였다. 마침 마조학술연토회에 초대받은 숙우회가 선차의식에 따라 정성스럽게 헌다를 했다. 첫 잔은 방장 연법 스님이 원오극근 선사에게 고한 뒤 역사상 처음 한국에서 온 차인들에 의한 헌다가 이어졌다. 저자는 연법스님에게 다선의 조정 소각사에서 다선일미의 정신을 일으켜 보자 말했고, 저녁 공양까지 극진히 환대한 연법 스님은 소각사에서 선다일미학술연토회를 한·중이 공동개최하여 다선의 중심도량으로 함께 이끌어 가자고 말씀했다. 그렇게 선차의 향기는 강물처럼 흘러갔다.

간화선 시대를 열다

대혜는 1158년인 67세의 늦은 나이에 귀양살이에서 풀려났다. 그 후 항저우 여항의 경산으로 입성하자 사부대중이 구름처럼 몰려들었다. 당시 중화인들은 요나라와 금나라의 침략으로 무너진 중화의 자존심을 간화선으로 세우려 했다. 마침내 대혜가 《정법안장》을 내놓으면서 간화선 시대가 열렸다.

1141년 정쟁에 휘말려 유랑생활을 하던 대혜는 남송 효종(1163~1189) 시대에 비로소 평화와 안정을 찾았다. 이때 대혜종고는 유배에서 풀려나 아육왕사에 입성한 뒤 1158년 경산으로 들어간다. 정쟁에 휘말린 지 17년 만의 일이다.

경산으로 들어온 대혜는 유랑생활에서 얻은 지혜로 간화선 정립에 매진했다. 경산에 오자 사부대중이 모여들었다. 대혜는 법상에 올라가 주장자를 높이 들었다가 아래로 '쿵' 하고 내리치며 말했다.

"('악' 하고 고함을 지르며) 덕산의 방 임제의 할을 오늘 그대들을 위로하여 보여드리겠다.

하늘은 높고 땅은 어찌하여 넓은가. 쓰레기 더미 위에 생각을 일으키지 말고 뼈를 바꾸어 버리고 창자를 씻어내야 한다.

간화선 시대를 열었던 경산사에서 바라본 경산의 위용

나는 세 걸음을 물러나 여러분에게 따지도록 하겠다. 자. 따져 보게나.”

대중이 침묵하자 '악' 하고 사자후를 토한 뒤 법상에서 내려왔다.

상당하자 어떤 승려가 물었다.

“만 길이나 서 있는 절벽이 따지는 것을 허락하겠습니까?”

대혜가 말했다.

“만 길이나 서 있는 절벽은 따지는 것을 허락하지 않는다.”

승려가 말했다.

“스님의 참 마음을 잘 알겠습니다.”

대혜가 말했다.

“이미 알면서 무엇하러 또 묻는가?”

승려가 말했다.

“그렇다면 진실로 한 개 만 길이나 서 있는 절벽이로군요.”

대혜가 말했다.

“밥을 먹다가 모래 한 알을 씹었구나.”

승려가 말했다.

“그렇다면 도리어 학인에게 세 걸음을 나아가도록 허락하시는 겁니다.”

대혜가 말했다.

“그대가 알아차리지 못하니, 도리어 세 걸음을 후퇴해야 한다.”

이어서 말했다.

“마갈제국(摩竭提國)은 여전히 길 가는 도중이나, 소실봉(少室峰) 앞에는 잡을 것이 전혀 없다. 현묘(玄妙)한 이치를 말하는 것은 멀쩡한 살을 깎아 부스럼을 만드는 짓이고, 옛날을 말하고 지금을 밝히는 것은 모래와 흙을 뿌리는 것이니, 배고프면 밥먹고 목마르면 물마시며 한가히 앉아 피곤하면 잠자고 네 계절이 멋대로 굴러가도록 내버려 두어 나의 일에 전혀 간섭치 않도록 하는 것과 어찌 같을 수 있겠느냐? 비록 이러하지만 참으로 이러한 곳에 이르러야 한다. 그런데 이러한 곳에 이르는 것과 어떻게 가까워지겠느냐?"

"악!" 하고 한 번 고함을 지르고 말했다.

"뜸 뜬 흉터 위에 다시 쑥뜸을 하지는 말아라."

대혜는 또 마조의 달구경을 즐겨 읊었다. 어느 날 경산능인 선사 법당에 올라 사자후를 토했다. 마조(馬祖)가 서당(西堂), 남전(南泉), 백장(百丈)과 더불어 추석에 달구경을 할 때, 마조가 달을 가리키며 말했다.

"바로 이런 때에는 어떠냐?"

서당이 말했다.

"수행하기에 꼭 좋습니다."

백장이 말했다.

"공양하기에 꼭 좋습니다."

남전은 소매를 떨쳐 버리고 그 길로 가버렸다. 마조가 말했다.

"경(經)은 장(藏)으로 들어가고 선(禪)은 해(海)로 돌아가는데, 오직 보원(普願)만이 홀로 사물 밖으로 벗어났구나."

대혜가 말했다.

"네 분 노숙(老宿)의 귀결점을 알겠느냐? 만약 아직 알지 못한다면, 게송 한 수를 들어보아라."

나라가 맑으면 재능 있는 젊은이가 귀한 몸이 되고
집안이 부유하면 어린아이도 아리땁다
여러 사람들이 두 손을 대어서
피차 서로 양보하지를 않는구나.

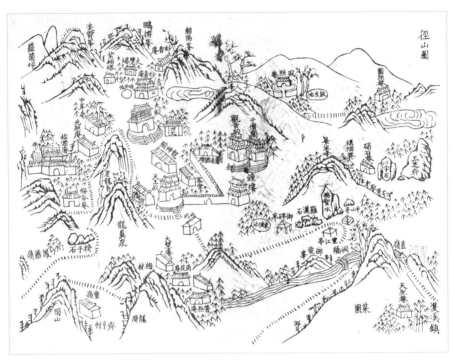

청(淸)가경(嘉慶) 여항현지(余杭縣志)에 나온 〈경산사도〉

　대혜는 경산에 주석하면서 대중에게 《정법안장》 법문을 하고 어록정리에 나섰다. 대혜가 고민했던 것은 남송 이후 간화선을 대중곁으로 다가가게 하기위해 골몰했다. 이어 묵조선을 비판하고 오조법연과 원오극근으로 이어지는 공안선을 제창했다. 이에 대해 이부키아츠시(伊吹敦)는 《중국선의 역사》에서 다음과 같이 말했다.

　공안선의 성립 의의는 대단히 중요한 일이었다. 깨달음을 얻기 위한 방법론이 확립되어 선의 문화와 소양의 차이를 넘어서 다양한 사람들에게 받아들여질 수 있는 토양이 마련되었다.

실제로 베트남, 한국, 일본 등에서 선이 유입되면서 공안선은 눈부신 발전을 가져왔다. 일본에서 조동종의 묵조선이 주류를 이루었다면 한국은 간화선이 주류를 이루었다. 보조지눌의 《간화결의론》이 저술되었고 조계종 강원교재로 《대혜어록》, 고봉의 《서장》이 쓰이는 것만 보아도 대혜의 선사상이 한국선종에 얼마나 지대한 영향을 끼쳤는지 가늠할 수 있다.

사실 대혜의 선은 150년 뒤 고봉원묘 선사가 나오면서 만개했다. 그 중심은 천목산이었다. 그러나 10년 전까지만 해도 고봉은 부각되지 않았다. 고봉이 깨우침을 얻은 사관(死關) 또한 폐허나 다름없었다. 그러나 대혜와 고봉의 정신을 잇는 기둥이 형성되자 몇 년 사이 중국 선종계는 사관 안에 고봉 선사의 좌상을 모시고 본격적인 간화선 선양에 나섰다.

대혜의 친필묵적

남송시기 대혜종고가 남긴 친필묵적

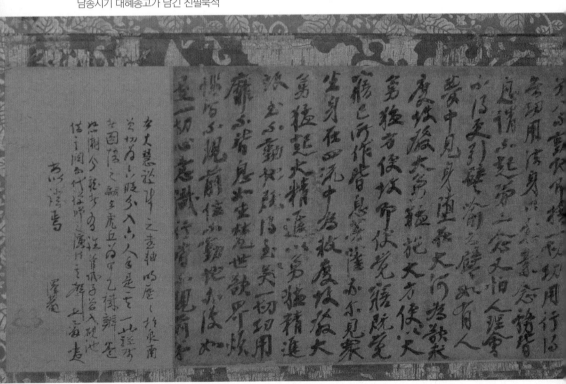

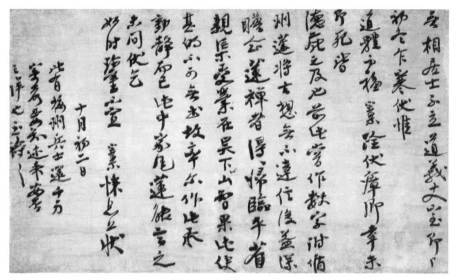

대혜가 무상 거사에게 내린 법어(일본 정가당문고 소장)

대혜가 귀양살이를 하는 동안 사대부와 주고받은 묵적들이 아직까지 전해
지고 있다. 주로 일본의 정가당(淨嘉堂) 문고나 교토박물관에서 만날 수 있
다. 교토박물관에 소장되어 있는 대혜종고 선사의 묵적은 대혜가 해주로 유
배 당했을 때 무상(無上) 거사에게 보낸 서간으로 정법안장 3권에 수록되어
있다. 대혜의 묵적 가운데 귀중하게 여겨지는 이 서간은 에도시대의 선승이
자 다인인 고게츠소간(江月宗玩 · 1574~1643)을 거쳐 마쓰에(松江) 지방의
영주 마스다후마이(松平不昧)가 소장했던 것으로 지금은 국보로 교토박물관
에 있다.

또 다른 묵적은 일본 정가당 문고에 보관되어 있는 대혜의 친필로 묘지(妙
智) 거사에게 준 법어가 《대혜보각선사어록》 22권에 수록되어 있다. 대혜는
경전의 예를 들어 묘지 거사에게 가르침을 전하였다.

경전에는 보살이 초심부터 수행하는 것을 다음과 같이 말하였다.

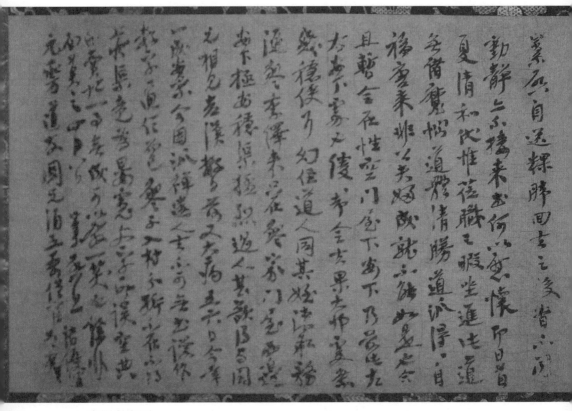

대혜의 친필묵적

　　제팔부동지에 들어가 심왕보살이 되면 알기 어렵고 차별없고 모든 모습과 모든 생각과 모든 집착을 떠나 한량이 없고 끝이 없으니 모든 성불과 별지불이에 할 수 없고 떠들썩한 말다툼을 벗어나 고요함이 나타난다.

　　이밖에도 대혜의 친필 묵적은 간간이 보이는데 대부분 귀양살이를 하는 동안 사대부들에게 부처의 가르침을 고구정녕(苦口丁寧)하게 전한 내용이 담겨 있었다.

묘희천을 찾아 아육왕사를 가다

　달마의 벽관수행을 무상과 마조 선사가 이끌어냈다면 이를 활짝 꽃피웠던 이는 대혜종고(大慧宗杲) 선사였다. 대혜의 자취를 따라 아육왕사에 이른 도선사선덕 동광 스님은 묘희천비를 읽어내려가다가 "묘희는 대혜의 호가 아니던가. 나는 여기에 이르러 대혜의 선이 불꽃처럼 저 멀리 해동까지 전해졌음을 실감케 했다"고 피력했다.

묘희천에서 아육왕사 지에위엔(界源)스님과 대혜종고 선사에 대해 이야기를 나누는 저자

설주(雪舟)가 그린 〈아육왕사전도〉

닝보는 대혜가 살았던 남송(南宋·1127~1279) 이후 간화선과 묵조선이 불꽃 튀는 선논쟁을 벌였던 곳이다.

사실 대혜종고 선사의 묘희천이 남아 있는 아육왕사를 생각하면 부처님의 진신사리가 먼저 떠오른다. 그러나 대혜의 자취가 살아 있는 아육왕사는 간화선의 고향이라 할 수 있다. 대혜가 노년에 2년간 주석한 아육왕사에서 굉지정각(宏智正覺) 선사와 함께 법을 펴나갔다.

아이러니하게도 두 분의 사상적 공간은 달랐지만 굉지가 열반할 때 대혜 선사에게 뒷일을 부탁했을 정도로 절친한 것을 보면 대혜는 묵조선의 병폐를 지적한 것이지 본래 마음 안에 있는 불성을 비판한 것이 아닌 것 같다.

고우 스님은 고요함과 물러남을 강조한 죽은 묵조선을 비판한 것이라고 말씀한 바 있다.

대웅보전 좌측 벽면에 다닥다닥 붙여 놓은 아육왕사사적비편 속에 묘희천비가 남아 있다. 지에위엔(界源) 방장은 우리를 묘희천비까지 손수 안내하면서 송대 대혜의 자취를 느낄 수 있다고 말씀했다. 대혜의 호에서도 알 수 있듯이 장상영 거사로부터 받은 묘희는 대혜의 호이다. 그러던 중 묘희천(妙喜泉)과 만난 것은 뜻밖이었다. 2008년 7월 아육왕사의 지에위엔(界源) 방장으로부터 묘희천에 대한 내력을 듣고 매우 놀란바 있다. 묘희천은 아육왕사 경내에 있다. 그 샘에 어떤 인연설화를 담고 있는지는 아는 이가 드물다. 지에위엔 방장은 설화를 들려주었다.

　　"사실 아육왕사는 물이 귀했는데 대혜 스님이 샘솟게 했습니다. 묘희샘은 그렇게 이루어졌습니다."

대혜의 행적이 기록된 아육왕사의 묘희천비

아육왕사 경내에 있는 묘희천 샘

아육왕사에 있는 묘희천비

묘희천에 얽힌 이야기는 경내에 세워진 〈묘희천명비(妙喜泉銘碑)〉에 자세히 전해 온다. 아육왕사 지에위엔 방장으로부터 들은 대혜의 가르침은 우리가 잊고 있던 대혜의 또 다른 면모를 살피게 했다. 스님이 다시 말했다.

"대혜가 간화선을 정착하기 이전에는 화두를 참구해 들어가는 법은 없었습니다. 그러나 대혜가 간화선을 정착시키면서 비로소 화두를 참구하는 방식이 정착되기에 이르렀습니다."

저자가 아육왕사를 찾아 지에위엔 스님과 이야기를 나누고 있다.

뿐만 아니라 아직도 일본박물관에는 대혜 친필의 편린이 남아있는데 그 글 속에 선기가 번쩍이는 것을 느낄 수 있었다.

대혜와 고봉의 자취를 좇으며 문화혁명 후 숱한 탄압 속에서도 대혜의 선이 준봉(峻峰)처럼 되살아나는 것은 간화선의 매력 때문임을 알게 되었다. 아직도 중국선가에서 선칠 안거 등은 유명한 선수행의 가풍이다.

대혜의 선이 다시 꽃을 피우게 된 것은 150년 뒤 고봉원묘가 나오면서이다. 천목산을 답사하던 중 10년전과 달리 고봉의 자취가 하나둘 복원되는 광경을 보며 무한한 희열을 느꼈다. 간화선이 시대를 관통하여 인류에게 전해진 커다 란 복덕이라는 생각을 해 보았다.

묵조선을 비판한 대혜종고

대혜의 공안선과 격렬하게 대립했던 선사
굉지정각 선사

대혜가 묵조사선이라고 비판한 그 내용은 어떤 것일까. 굉지정각의 저작 《묵조명(默照銘)》에서 그 연원을 찾을 수 있다. 굉지의 《묵조명》은 다음과 같이 시작된다.

몸을 묵묵하게 좌선하면서 침묵하는 그곳에 진리는 분명하게 전전하고 비추어 보면 분명하다.

체험하는 본래 자리는 그윽하고 그윽하여 홀로 비추는 그 빛 가운데 오묘한 작용이 나타난다. 마치 맑은 밤하늘의 달과 은하수와 같고 눈에 덮인 솔과 구름 낀 봉우리와 같다.

세계선차문화교류대회 대표단이 천동사를 탐방했을 당시 천동사 방장 스님이 대혜종고와 굉지정각 선사의 일화를 설명하는 것을 듣고 있다

　　그래서 어두울수록 더욱 밝고 감출수록 더욱 분명하게 드러나니 학이 아니면 추운지 알 수 없었다고 말했다.

默默忘言	몸으로 묵묵하게 좌선하면서 침묵하는 그곳에
昭昭現前	진리는 분명하게 현전한다
監時廓爾	비추어 보면 분명하나
體處靈然	체험하는 본래 자리는 언제나 그윽하다
靈然獨照	그윽하여 홀로 비추는데
照中還妙	그 비춤 가운데 오묘한 작용이 나타나 있다
露月星河	마치 말은 밤하늘의 달과 은하수와 같고
雪松雲嶠	눈에 덮인 솔과 구름 낀 봉우리 같다

晦而彌明	그래서 어두울수록 더욱 밝고
隱而愈顯	감출수록 더욱 분명하게 드러난다
鶴夢煙寒	학이 잠자는 것은 학이 아니면 추운지 알 수가 없고.

굉지가 말한 '묵묵이 앉아 있으면 정신이 맑아진다'는 말은 밤에 깨친다는 간화선과 위배되는 대목이다. 대혜는 《묵조명》을 읽다가 '깨달음을 지향하지 않고 묵묵히 앉아서 좌선만 해도 깨칠 수 있다'는 생각은 크게 잘못된 것이라고 지적했다. 그러한 가운데서도 묵조선이 오늘날까지 회자되는 까닭은 도오겐 (道元) 선사의 묵조선 계승으로 일본에서 불길이 일어났기 때문이다. 도오겐 선사는 지관타좌를 주장하며 묵조선을 꽃 피워 지금도 천동사에는 일본 조동 선의 물결이 곳곳에 배어 있다. 조동선을 일본에 전한 도오겐을 찾는 일본인

간화선과 묵조선이 대립했던 천동사

후학들이 있기에 가능한 것이리라.

한국에 간화선을 전해준 대혜의 자취를 찾는 구법행은 한국선종의 자취를 찾아가는 여정이 되었다.

오늘날까지 대혜의 간화선이 이어져 올 수 있었던 까닭은 '마음을 비우고 조금도 흔들림 없는 돈오선의 경지에 이른다'는 대혜선의 매력 때문이다. 조동선이 천동사를 중심으로 진헐청료와 굉지정각 등에 의해 묵조선풍을 떨쳤지만 대혜선의 매력 앞에서는 어찌할 도리가 없었을 것이다.

대혜의 간화선의 자취를 찾아 아육왕사를 방문한 동광 스님은 "의단(疑端)을 일으켜 깨달음을 증득해가는 순간에 깨칠 수 있는 것이 대혜선의 매력"이라고 말씀하셨다. 간화선이 산사의 등불처럼 사람들의 마음을 밝혀주고 있기 때문이다.

굉지정각이 일으킨 천동사는 신중국이 성립된 후 농선병중(農禪并重)의 전통을 지키며 묵묵히 선수행을 닦고 있다. 그 모습에서 굉지가 일으켰던 묵조선의 풍조가 되살아나는 것 같았다. 지금의 천동사는 참선하고 독경하는 일상의 모습으로 돌아갔다. 2009년 5월 닝보의 해상차로 개막식에서 만난 천동사 티에씬(鐵信) 방장에게 천동사의 가풍이 무어냐고 묻자 "농선병중의 정신을 지켜가는 것이 천동사의 가풍"이라고 답했다.

중국의 사찰을 찾다보면 농선병중이라는 말과 자주 만나게 된다. 이 말은 근세 중국선종의 중흥조인 허운 대사가 한 말이다. 1966년 문화혁명의 회오리바람에서 살아남을 수 있었던 것도 농선병중의 정신 때문이었다. 농선이란 승려들이 농업생산과 노동궁에 참가하여 일하면서 선을 닦는 수행법을 말한다. 묵묵히 앉아 좌선만 고집했다면 오늘날 천동사는 흔적 없이 사라져 버렸을 것이다. 싱운(星雲) 대사의 말처럼 불교가 과거만을 고집하지 말고 현재와 상생할 때 대중과 가까워질 수 있다.

천동사의 뜰을 걷다가 물소리, 바람소리를 들으니 대혜와 굉지가 손을 맞잡

월간 〈선문화〉에 인기리에 연재되고 있는 〈대혜기행〉을 펼쳐보이며 설명을 하고있다.

고 선을 펼치던 정경이 보이는 것 같았다. 그때 한 스님이 부지런히 나무판을 들고 두드리며 방선시간을 알렸다. 문득 옛 선현의 말씀이 떠올랐다.

心隨萬境轉　마음은 만경(萬境)을 따라 돌고
轉處實能幽　도는 곳마다 능히 그윽하다
隨流認得性　흐름에 따라 성품을 알면
無喜亦無憂　기쁨도 없고 또한 근심도 없다.

간화선을 일으킨 경산사

대혜의 부도비를 가리키는 경산사 파통(法通) 부주지

2009년 5월 16일, 이른 아침 난징(南京)을 출발하여 양주를 찾았다. 양주에는 황제에게 황소격문을 올려 당나라에서 명성을 얻은 고운 최치원 기념관이 있다. 대혜와 연관이 있는 천녕사를 둘러본 뒤 아육왕사를 거쳐 경산사에 이른 것

대혜가 간화선을 선양한 경산사

은 17일 늦은밤이었다. 미리 마중나온 항저우 임학원 차학계의 천징(陳靜)이 쌍계집단에 연락하여 한국의 〈차의 세계〉, 〈선문화〉 발행인 일행이 경산으로 온다며 적극 협조를 부탁한 상태였다. 쌍계집단 회장의 배려로 환대를 받으며 육우산장(陸羽山庄)에 밤늦게 도착해 다음날 이른 아침 경산사로 향했다.

경산은 국일법흠 선사가 개산한 이래 송나라 때 경산 13대 조사 대혜종고 선사에 의해 간화선 중심 도량으로 거듭나게 되었다. 경산은 예부터 천하의 명산으로 여항과 임안 두 현(縣) 사이에 우뚝 솟아있다. 사찰의 창건연기를 살펴보면 당나라 대종 때(762~779) 법흠 선사가 연좌봉에 암자를 짓고 후에 경산사로 크게 중흥했다. 그 뒤 송나라 효종(1163~1187)이 경산 흥성만수선사 사액을 내렸다. 지금도 경산사 산문 앞에 만수선사라는 사명이 걸려있다. 그러나 오늘날에는 옛 명성을 되찾아 경산사로 불린다.

폐허가 된 대혜종고 부도지

5월 18일 아침 6시에 육우산장을 출발한 일행은 7시가 다 되어 경산에 이르렀다. 산문 입구에 '경산만수선사'라고 적혀있었다. 대혜가 경산에 머물렀던 1158년경에는 승려가 1천 명에 이르렀다고 한다. 그때가 경산 최고의 전성기였다. 일행이 산문을 지나 대웅전에 이르러 부처님께 다가가 삼배를 올린 뒤 지객 스님을 따라 객당에 이르자 이 절의 부주지인 파통(法通) 스님이 반갑게 맞았다.

스님은 한국에서 온 스님과 재가인을 보자 조선시대 경산사로 참학하러 온 요연법명(了然法明) 선사를 만나는 것 이상으로 기쁘다고 말했다. 도선사 선덕 동광 스님이 파통 스님과 마주 앉아 해동에서 대혜종고의 자취를 따라 왔노라고 말하자, "우리도 미처 생각지 못했는데 그것도 해동에서 대혜의 자취를 찾아온 스님을 보니 대혜의 자취가 우러러 보인다"라고 말했다.

저자가 준비한 《대혜어록》을 꺼내 전하자 스님들은 매우 기뻐했다. 그때 동광 스님은 《대혜서》에 등장하는 대혜가 유보학(劉寶學)에게 보낸 편지를 들어

폐허로 변해버린 대혜종고의 부도지.
지금은 흔적조차 사라졌다

"옛날 달마가 2조에게 이르길 '그대는 오직 밖으로는 온갖 연분의 교류를 멈추고 안으로 마음을 헐떡이지 않고 별처럼 안정된다면 도에 들어갈 수 있다'고" 했다. 그러자 파통 스님이 혜가의 말을 들어 "저는 이제야 겨우 연분에 대한 집착이 사라졌습니다"라고 말했다.

경산사를 찾은 동광 스님과 경산사 부주지 파통 스님, 저자가 경산사 경내에서 포즈를 취했다

《대혜서》를 살펴보니 대혜의 스승 문준 선사의 말씀이 떠올랐다.

"생과 사를 초월해 단박에 깨칠 수 있는 진여불성자리를 터득하는 길, 그것이 선의 진면목이라"고 말씀한 이야기였다. 대혜가 원오극근에게 사사하길 염원했던 문준선사의 바램이 와 닿는다. 뒷날 원오극근은 대혜종고에게 인가받는다. 《원오어록》에는 다음과 같이 자세히 묘사했다.

임제의 정통 종지는 마조도일, 황벽희운을 거쳐 면면히 내려와 홍화, 풍혈에 이르자 목소리를 키우고 기틀을 가졌다. 이는 범이 뛰고 용이 달리고 별이 날아가고 번개가 몰아치고 전진과 후퇴 구속과 해방 모두가 본분에 말미암아서였다.

임안현지의 경산도

즉 범과 용을 날카롭게 다루는 칼날이 양기파였다. 그 같은 사상을 원오극근을 거쳐 대혜가 대성시켰다. 대혜의 살림살이를 놓고 이런저런 이야기를 주고받다가 파통 스님이 대혜의 부도지를 가보자고 제안했다. 대혜의 부도터는 경산사 경내 제호천 산 위에 있었다. 그러나 아쉽게도 대혜묘탑은 60년 전 파괴되고 말았다. 파괴된 부도들은 담장으로 쓰여졌다고 했다. 대혜의 가르침이 퍼져나가자 많은 사람이 경산사를 찾아가 대혜탑에 예를 올리는 모습을 볼 수 있다. 많은 사람이 대혜의 부도 앞에서 경건히 향을 피우고 차를 올려 예를 다했다. 광래(廣來)의 〈대혜탑에 예를 올리다〉라는 시에서도 그 모습을 볼 수 있다.

대혜탑에 예를 올린다(禮大慧塔)

광래(廣來)

神弓聖箭較猶遲	신궁의 성스러운 화살은 견주어 오히려 느리니
鐵壁銀山粉碎時	철벽은산이 무너지는 때이구나
一個竹䇷離背觸	하나의 죽통이 등을 떠나니
片言皮襪浪驚疑	말들이 피말과 같이 제멋대로인 것에 놀라며 의아하구나
廣長舌覆傾無盡	장광설에 뒤집혀 기울어짐이 끝이 없으니
日月心空照不私	일월심공이 비추니 사욕이 아니네
空兀五峰懸宰堵	하늘에 솟은 다섯 봉우리가 빙 둘러 다스리니
常光寧與劫同	항상 광녕을 주니 탑과 함께 무너지는구나.

허당지우 선사가 다연을 베풀었던 명월당 또한 그때 파괴되었다.

지금은 폐허로 남은 처참한 부도지 앞에서 송나라 때 화려하게 부활한 대혜의 간화선을 생각해봤다. 대혜의 간화선은 대혜의 신임을 두텁게 받은 장구성(張九成 · 1092~1159), 여본중(呂本中 · 1084~1145), 한구(韓駒 · ?~1136), 이병(李炳 · 1085~1145) 등을 거치며 화려하게 꽃폈다. 더욱이 해동으로 건너가 대혜의 《서장》이 조계 종강원의 기본교과과목이 되면서 대혜의 간화선은 한국 땅에서 빛을 밝히게 되었다.

조계후학으로 처음 대혜의 자취를 찾은 동광 스님은 "대혜의 간화선이 동아시아를 관통했다"고 피력했다. 더욱이 양기파는 호구소룡과 석옥청공의 일맥을 거쳐 고려의 태고보우 국사에 의해 활짝 꽃 피우게 되었다. 그 저변에 대혜종고의 눈부신 활약이 선종의 광명을 밝혀왔다.

송나라 시기 총림에서 깨달음의 체험이 중시되면서 묵조선이 나락으로 떨어질 즈음 화두선이 대두되기 시작했다. 오조 법연과 원오극근에서 싹트기 시작했고 대혜종고에 의해 계승된 간화선의 중심은 여항의 경산사였다.

대혜 이후 밀암함걸의 문하 중에 송원숭악과 파암조선이 있다. 그중 송원파는 허당지우(1185~1269)가 일으킨 경산다연과 간화선을 놓고 경산사 대중들은 고민에 빠졌다.

매년 5천~1만명에 이르는 일본 순례단이 허당지우를 통해 일본에 선과 차를 전한 난포조묘(南浦紹明) 은인의 땅인 경산사를 찾았다. 그 모습을 보면서 경산사를 다선도량으로 이끌어 갈 것인가, 아니면 대혜가 일으킨 간화선으로 이끌어 갈 것인가를 놓고 고민에 빠졌다. 차는 일본으로 들어갔고 선은 한국으로 건너간 현실에서 경산사는 두 마리의 토끼를 놓치지 않으려 몸부림 치고 있다. 그것이 대혜가 일으킨 간화선이 오늘날까지 만개하고 있다는 반증이었다.

대혜의 선이 동아시아를 넘어 오늘날 더욱 빛나는 까닭은 깨달음의 체현 때문이다. 이는 의단을 일으켜 깨달음을 획득하는 까닭이기도 하다. 경산사에서 불어온 간화선 열풍은 지금도 여전히 이어져 오고있다. 경산사의 뜰을 거닐자 대혜의 가르침이 주마등처럼 스쳐간다. 지금도 경산산 정상에는 소슬 바람이 거세게 불어온다. 그 바람결이 차향과 함께 입안에 퍼질 즈음 파통 부주지에게 경산사

차가 한국의 차맛과 같다고 말하자 그는 화
들짝 놀랐다. 지금까지 경산사는 일본 다도
로만 생각해 왔는데 한국차와 친연관계가
있다는 사실에 두 차를 비교하면서 한국과
교류의지를 피력했다. 그 순간을 놓칠 리
없는 저자가 학술연토회를 열어 대혜사상
을 널리 선양하자고 말하자 파통 부주지는
손뼉을 치며 기뻐했다. 파통 스님과 헤어지
고 닝보(寧波) 해상차로학술연토회가 끝난
뒤 한국으로 출발하기에 앞서 영은사(靈隱
寺)의 항저우시불교협회 회장인 광첸(光泉)
스님과 해후했다. 광첸 스님과 이런저런 이
야기 끝에 한·중이 손잡고 경산다연을 화
려하게 부활시키자고 결의했다. 그리고 경
산차와 한국차의 품평을 경산사에서 공동
으로 연구하자는 제안을 했다.

이렇듯 대혜의 법손들이 가는 곳마다 대
혜의 영혼이 나타났다. 우리로 하여금 대
혜선을 일으키라는 채찍질을 하는 듯했
다. 경산사 뜰을 걷다가 문득 대혜가 생
각났다. 온갖 풍랑을 겪은 대혜는 그의 나
이 75세 때 1158년 경산사로 돌아온다.
1137년 처음 경산선사에 들어간 지 21년
만이었다.

경산사에서 수행한 불감범준 선사의 정좌도

경산사에서 바라본 경산의 모습

그의 후학들이 경산사의 뜰을 걷다가 대혜 선사에게 물었다.

"경전에서 말하길 '이것이 참된 정진(精進)이고, 이것을 이름하여 참된 법으로 여래에게 공양한다고 한다'라고 하였는데, 개에게 이미 불성이 없다면 무엇을 일러 참된 법이라 합니까?"

대혜가 말했다.

"다만 이 불성 없음이 곧 참된 법이다."

승려가 말했다.

"저의 견처(見處)로는 그렇지 않습니다."

대혜가 말했다.

"그대가 한번 마음대로 말해 보아라."

그 승려가 절을 하자, 대혜가 말했다.

"다만 이 절하는 것이 곧 제멋대로 말하는 것이니라."

이어서 말했다.

"'이것이 참된 정진이고, 이것을 이름하여 참된 법으로 여래에게 공양한다고 한다'라 하였는데, 개에게 이미 불성이 없다면 무엇을 일러 참된 법이라 합니까? 산승(山僧)은 이 질문에 대하여 '다만 불성 없음이 곧 참된 법이다'라고 말했다. 여러분들은 믿을 수 있는가? 믿을 수 있다면 영산(靈山)의 한 번 법회가(法會)가 지금 눈앞에 뚜렷하여 아직 흩어지지 않았다. 만약 믿을 수 없다면 미륵(彌勒)이 올 때를 기다려서 물어 보아라."

그의 후학들은 대혜의 가르침을 회상하면서 경산사 뜰을 걷다 동광 스님이 "사상을 뛰어넘은 굉지정각과 대혜종고의 친교는 오늘까지 귀감이 된다"고 말했다. 그러나 그의 후학들은 간화선과 묵조선의 논쟁에 불을 당겼던 옛 기억을 떠올리면서 간화선의 불길이 타오른 경산에서 한국선의 희망을 안고 조용히 내려왔다.

서천목의 물에 동천목의 찻잎을 띄운
깨달음의 차

경산사 경내에 있는 제호천

저자는 2000년 항저우 경산(徑山) 만수선사(万壽禪寺)를 답사하던 중 우연히 제호천(醍醐泉)을 만나는 행운을 얻었다. 제호천은 차 중에 최고의 맛과 향을 나타내는 말로써 '제호(醍醐)'라는 용어를 딴 것이다. 제호는 소나 낙타의 젖을 일컫는 말로 이미 《법화경》에 명시했을 정도로 다도(茶道)를 논할 때 으뜸으로 꼽힌다. 그 제호맛을 접한 곳이 바로 천목산 경산사이다.

지금은 만수선사로 바뀐 경산사는 중국 차의 성지나 다름없는 곳으로 알려져 있다. 그 이유는 천

하늘의 눈을 닮은 경산차밭

목 경산차의 명성에서 비롯된다. 일반적으로 명차를 구분할 때 색·향·미·모양 4가지를 기본으로 삼는데 천목 경산차는 그 중에서도 으뜸인 맛을 지니고 있다.

천목산은 12~13세기경 다선문화(茶禪文化)가 가장 발달된 시대인 남송 때 만들어진 천목다완으로 인해 알려지기 시작한다. 천목다완은 어두운 밤하늘에 갖가지 빛깔의 별을 아로 새긴 듯한 모양의 다완으로 승려의 밥그릇에서 비롯되었다.

이 무렵에는 천목산을 중심으로 활약한 선승들로 인해 선다일미의 경지가 선보여진다. 대표적인 백운수단(白雲守端) 선사는 차와 선을 접목시켜 다도의 원리가 화경청적(和敬淸寂)인 네 글자에 있다고 설파했다. 백운수단 뒤에 이어 대혜종고(大慧宗杲) 에 의해 간화선이 확립되면서 비로소 선차일미 정신은 정점에 접어들게 된다. 이들 선승은 천목산 경산사에서 활약한 경산도흠 선사를 차승으로 하여 천목산의 차선문화를 주도해 나갔다. 남송시대 유행한 천목다완과 천목산의 차문화를 살펴보자.

하늘의 눈을 담고 있는 천목 경산차

예부터 문인들은 천목산의 아름다운 경치에 도취되어 많은 시를 남겼다. 천목산은 저장성 임안현에 위치고 있는데 동천목의 찻잎과 서천목의 물이 합쳐져 당나라때부터 차산지로 이름을 드높이게 되었다. 천목산이 예부터 유명한 차산지로 명성을 얻게 된 데는 서천목의 청정차와 동천목의 경산차가 쌍벽을 이루면서부터 비롯된다.

동천목이 용의 얼굴이라면 서천목은 용의 꼬리부분에 해당되는데 두 곳에서 활동한 선승들의 체취 또한 판연히 다르다.

동천목은 4조 도신을 조종으로 국일법흠 – 조과도림 – 대혜종고 등 우두종 계통의 선승들이 주도해 나갔다면 서천목은 우리나라의 강원에 서장으로 유명한 고봉원묘 – 천목중봉 선사 등 임제종 선승들이 주도해 나갔다.

우리 선종과 맥이 닿아 있는 곳은 서천목으로 일찍이 우리 선가는 여산 경산사의 차도구를 일본으로 가져가 경산사의 점다법과 다연을 일본으로 전하기에 이른다. 그러한 까닭으로 일본인들이 이곳을 가장 많이 찾는다. 또한 근년에 출토된 향로, 다구, 금석명문은 송대 차문화가 경산사를 중심으로 발전해 왔다는 사실을 보여 준다.

용정샘의 발원지는 경산사이다

용정차를 말할 때 절강성 항저우의 용정촌에서 생산되는 서호용정을 생각하게 되는데 역사의 기록에 의하면 용정차의 발원지는 항저우의 용정샘이 있는 용정촌 주변이 아니라 항저우 여항의 경산촌이라는 사실이 여러 문헌 자료에서 고증되고 있다.

《속여항현지》의 경산차에 관한 기록을 살펴보자.

경산의 사벽오와 과산오에서 좋은 차가 생산된다. 능소봉에서 생산되는 차가 더욱 좋지만 많이 구할 수 없다.

또 이런 전설이 전해 온다.

당나라 대종(762~779) 때 법선 스님이 연좌봉에 암자를 짓고 살았는데 스님이 경산을 돌아다니던 중 흰옷 입은 노인을 만났는데, 그 노인은 법선을 연좌봉 아래로 이끌고 가서 절터를 일러 주었다. 그리고는 큰 바람이 불고 비가 오더니 노인은 한 마리 용이 되어 하늘로 날아가 버렸다. 용이 사라진 뒤 깊은 웅덩이가 생겨났는데 그 웅덩이에서 샘이 솟았다. 그 샘을 용정(龍井)이라고 하였다고 한다. 이 소문은 삽시간에 대종 황제의 귀에 들어가 대종은 법선 스님을 불러서 국일(國一) 선사라는 호를 내리고 절의 이름은 진암이라 하여 크게 일으켰다. 그러다가 송나라 상부 6년(1013) 진국원으로 이름을 고쳐 부른 뒤 다시 정화 7년(1117) 경산 능인선사라고 불러오다가 송나라 효종 (1163)에 경산 흥성 만수선사라고 사액을 내린 뒤 지금까지 만수선사로 불러왔다. 이 절은 한때 전성기에는 승려 1천여 명이 상주하여 남방 최대의 선찰로 이름이 높았다.

경산도흠 선사의 다도관

중국 녹차의 대명사로 불리우는 용정차를 있게 한 법흠 선사를 알고 있는 사람은 그리 많지 않다. 법흠 선사는 당 개원 2년(714) 쑤저우 사람으로 성은 주씨이며 출가이전에는 법선으로 불리다가 대종황제가 국일 선사라는 호를 내린 후 그 명성이 천하에 떨치게 되었다. 법흠은 처음에 유교를 따르다가 28세에 현소 선사 문하에서 득도하게 된다. 현소는 법흠의 출가를 허락하고 이렇게 말했다.

"그대는 물을 따라 내려가다가 경(徑)이란 곳을 만나거든 멈추어라."

대사는 곧 남으로 떠나 임안으로 가다가 동북쪽으로 어느 산을 보고 나무꾼을 찾아가 물으니 경산이라 하기에 그 곳에 석장을 걸어 두었다. 그가 법력이 높음을 알고 어느 날 어떤 스님이 찾아와 여쭈었다.

"어떤 것이 도입니까?"

대사가 말하였다.

"산꼭대기에 잉어가 있고 물속에 먼지가 있다."

또 다른 사람이 찾아와 대사께 여쭈었다.

"어떤 것이 조사가 서쪽에서 온 뜻입니까?"

대혜가 답했다.

"그대의 물음은 온당치 못합니까?"
"내가 죽은 뒤에 그대에게 말해주겠노라."
국일법흠 선사의 사상적 근간을 살펴보면 순선을 드러내 보이면서 차로 대중을 제접했는데 이는 곧 차선일미정신임을 간파할 수 있었다.

차밭 사이로 보이는 경산사

경산사에서 출토되어 항저우 차엽박물관에 보관되어 있는 '慧', '千'의 영문

법흠이라고 불리운 도흠은 경산사의 개창조사로서 당 대종의 귀의와 숙종 황제로부터 스승의 예우를 받게 되었다. 《조당집》〈법흠(法欽)조〉에는 다음과 같이 전하고 있다.

숙종 황제가 스님께 예배하러 왔는데 스님께서 일어나니 황제가 물었다.

"대사께서는 짐(朕)이 오는 것을 보시고 어째서 일어나십니까?"

이에 선사께서는 말씀하셨다.

"단월께서는 어째서 네 가지 위의 가운데서 빈도를 보십니까?"

이는 차로 대중을 제접해 온 경산사가 명성을 얻는 계기가 되었다.

송대 선차문화 주도해 온 여항 경산차

남송(南宋)시대부터 중국의 다도는 색, 향, 미를 따지기 시작했다. 다도에 도자문화를 접목시킨 시기는 당대이나 선문화와 접목된 시기는 남송시대이다.

남송시대 유행했던 천목다완은 천목산 주변에서 생산된 도자인데 선종의 차문화와 절묘하게 결합하면서 다도문화의 격조를 한층 높였다.

화경청적이니 선다일미니 하는 용어가 사용된 것도 이 시기였음을 알 수 있다.

천목다완을 살펴보면 마치 구도자가 깨우치기 위해 단계별 현상을 표현한 듯 보인다. 특히 천목다완이 생산될 수 있었던 배경은 천목산에서 비롯되는데 서천목의 물로 동천목의 찻잎을 띄워 마시면 금방 깨달음의 세계로 빠져들 드 주봉이 정도로 절묘하게 만난다.

경봉 선사는 한 잔의 차를 '불조의 일구(一句)며 혜명이며 선가의 살림살이'라고 말한 적이 있다.

천목산은 동천목의 경산차와 서천목의 청정차, 이 둘을 선종의 차로 분류했다는 점에서 특히 주목된다.

육우의 《다경》에는 '항저우의 임안, 어잠 두 현의 천목산에서 나는 차는 서저우에서 생산되는 차의 품질과 같다'고 기록하여 천목 경산차가 당대 명성을 얻게 된 이유를 밝히고 있다. 또한 경산차는 덩이차를 가루로 내어 마시던 남송시대에 중국과 일본, 한국에서 유행하던 차라는 점에서 주목된다. 저자는 2000년 당시 중국 선종의 다도를 취재하던 중 용정차의 원형을 살피기 위해 경산사를 찾아 뜻밖의 수확을 거두게 되었다. 항저우에서 버스를 타고 경산사로 가는 중 창밖을 보니 차의 명산지 답게 끝없는 차밭이 펼쳐졌고 산봉우리 곳곳에 차나무가 있었다. 항저우를 떠난 지 2시간만에 여항시 경산촌에 도착하여 경산사 입구에 차를 판매하는 가계로 들어서니 희귀한 차독이 몇 개 보였다. 주인이 차독을 열어보이니 차향이 코끝을 스치며 사방으로 퍼져나왔다. 주인이 우려낸 차를 한 잔 권하기에 음미했다. 차의 향기가 그윽했고 달고 맑은 물을 마시는 듯 시원했다. 찻잎이 한 송이 꽃같이 아름다웠다.

경산촌 입구에서 차 한 잔을 마신 뒤 만수선사로 들어서니 경내에 우물이 하나 있었다. 만수사 감원 스님에게 우물에 대해 여쭈니, "이 샘은 용정샘이라고 전해 오며 아무리 가물어도 마른 적이 없었다"는 용정샘에 얽힌 전설을 말해 주었다.

용정샘을 지나 또 다른 샘이 하나 있는데 바로 제호천이다. 지금까지 금석문을 통해 제호라는 말은 많이 들어 보았는데 제호천을 샘으로 만들었으니 중국인들의 혜안에 무릎을 칠 따름이다. 특히 샘 주변에는 《법화경》에서 나오는 제호의 뜻을 새겨 두어 그 의미를 알 수 있었다.

차와 물은 떼려야 뗄 수 없는 만큼 지금까지 서천목의 물과 동천목의 찻잎으로 차를 끓여 마셨다고 알고 있었지만 그 같은 역사 기록은 완전히 반전되고 말았다.

동천목의 용정샘물로 경산차를 우려내 마시니 향이 은은하고 맛이 감미로웠다. 선승들은 이 순간을 깨달음의 순간이라고 말해왔다.

차와 선불교가 가까워지면서 차를 마시며 담론하는 풍습이 생겼다. 이에 문인들이 선찰을 찾아 선승들과 담론하면서 차는 민중 속으로 파고드는 계기가 되었다. 《경산사지》를 보면 〈품다〉, 〈경산차〉 등 차와 관련된 다시가 많이 남아 있다. 송대의 유명한 시인인 소동파의 〈경산을 유람하며〉를 살펴보자. '중봉은 천목산으로부터 왔으며 기세는 준마가 벌판을 달리는 듯하다(衆峰來自天目山勢若俊馬奔平川[游徑山]'고 말하고 있다.

《여항현지》에 의하면 '산경으로 천목에 통하였다고 하여 그 이름이 되었다'고 했다. 천목산을 차로 노래한 수많은 인걸들의 시를 살펴보자. 청대의 김우가 쓴 《경산채다기》에는 '천자가 양의 차를 맛보지 않으면 백초도 감히 꽃피지 못한다'고 했다. 경산은 저장성 여항시 장탁진 경산촌에 자리잡고 있는데 중국 선차의 고향이다. 이 산에는 연좌, 준주, 봉박, 능소, 어수 등 다섯 봉우리가 있는데 능소봉에서 나는 차가 가장 뛰어나다고 전한다. 경산에서 능소봉을 바라보는 찻잎이 햇볕에 빛나 마치 살아 움직이는 듯했다. 경산차는 녹색을 띠고 향이 그윽하여 10리 밖까지 그 향기가 퍼진다.

경산차 명성 일본으로 전래되다

경산사지를 복원하던 중 상당히 많은 차구를 발굴하였으며 향로와 '천(千)'자 등이 새겨진 돌비석이 출토되어 관심을 모은 바 있다. 그 유물은 항저우 차엽박물관에 전시되어 차인들의 주목을 받고 있다. 특히 일본 선종 계통의 스님들은 선대 조사의 행적을 살피기 위해 앞 다투어 경산사를 찾는다. 한국 불교계가 침묵하고 있는 동안 일본 불교계는 이미 교류를 시작하고 있었던 것이다.

남송 개경 연간에 일본의 대응 선사는 경산사에서 5년 동안 유학한 후 일본으로 돌아갈 때 경산사의 차도구를 가져가 점다법과 다연을 전했다고 한다. 또한 남송시대 일본의 성일 선사가 경산사에서 불교를 공부하고 돌아 갈 때 차씨를 가져다가 전하였다는 설도 있다. 그뿐 아니라 성일 선사는 《선원청규》를 일본으로 가져가서 《동복사청규》를 제정하였고 《일본고승전》에는 '일본 차의 역사를 살피니 송나라로부터 전해져 왔다'고 전하며 '차도구 일체를 동복사로 가져 왔다'는 기록이 있다.

이들 기록을 살펴보면 일본 다도가 경산사로부터 비롯되었다는 사실을 알 수 있다. 이렇듯 경산사의 음다풍속이 중국뿐 아니라 일본에 영향을 주었다는 것을여러 사료가 뒷받침하고 있다. 일본인들이 혈안이 되어 경산사 인근 임안현의 천목산에서 생산되는 천목다완을 일본으로 가져간 것 또한 우연이 아닐 것이다. 천목다완에 경산차를 담고 선차일미에 빠져 들어간 경산사 스님들의 모습은 옛 자취로만 남았지만 지금도 만수선사 스님들은 국일, 대혜종고 선사 등이 간파해 낸 '차가 곧 선'이라는 차선일미의 세계에 녹아들고 있다. 만수선사 스님들의 보차의식에서 옛 선승의 다도관을 살필 수 있었으며 그들의 눈빛 속에 깨달음의 녹색향기가 그윽히 배어나는 듯 했다.

홍도(洪都) 스님의 시에도 나타나 있다.

동소갱생숙경산전차(同蘇更生宿徑山煎茶)

홍도(洪都)

活火初紅手自燒	불을 피워 직접 초홍을 끓이니
一錚寒水沸松濤	송도에 빛나는 찬 물을 끓이는구나
與君醒盡浮生夢	그대와 함께 부질없는 꿈에서 깨어나니
竹影半軒山月高	대나무 그림자의 반은 헌산이니 달이 높구나.

묵묵히 앉아 좌선만 하는 것이
선이 아니다

대죽 사이로 아련히 드러나는 천동사(天童寺)를 바라보며 명상에 잠겼다. 남송 말 간화선과 묵조선이 선의 주류를 이루고 있을 때였다. 묵묵히 앉아 좌선만으로도 깨달음을 이룰 수 있다는 묵조선을 들고나온 굉지정각(宏智正覺) 선사가 이룩한 조동선 원찰에 왔다.

지척에 대혜종고가 간화선을 일으킨 아육왕사가 있다. 두 사람은 선후배 사이로 사상적 물줄기는 달라도 서로 존경하고 있었다. 때문에 당시 그 둘은 다

툼이 없었다. 굉지가 임종을 맞았을 때는 조문을 아끼지 않은 대혜였다.

　대혜종고의 간화선은 한국으로 건너왔고 굉지정각의 묵조선은 도오겐(道元)을 통해 일본으로 건너갔다. 이렇게 본다면 닝보의 선은 한·일 양국이 치열한 경쟁을 이루었던 터전이라 할 수 있다. 중국은 단박에 깨치는 간화선을 전해받으며 묵조선을 가져간 일본불교에 밀리는 인상을 떨칠 수 없었다. 이유인즉슨 천동사에 가면 온통 일본 선불교의 향기가 풍기기 때문이다. 닝보에서는 가는 곳마다 일본 조동선의 족적을 만난다. 게다가 한국에 간화선을 전한 대혜종고의 자취가 서린 아육왕사에까지 일본 선불교의 흔적들을 발견할 수 있다. 대혜의 간화선을 이어온 한국선종은 옛 조사의 흔적이 남아 있는 도량에 포지석

하나 세우지 않고 무엇을 했는지 궁금해진다.

아육왕사 방장 스님은 "한국인들은 대혜의 은덕을 잊은 것 같습니다. 그대 (저자)가 처음으로 대혜의 종풍을 묻는 것 같습니다. 우리 함께 대혜선을 세상으로 전해봅시다"라는 의미 있는 말씀을 했다. 그 뒤 한국의 선문 제자들이 아육왕사를 찾아왔다. 때마침 아육왕사 지에위엔 방장은 고향인 푸젠성(福建省)으로 내려가는 바람에 시자(侍者)가 일행을 정성껏 안내했다. 먼저 석가모니 정골사리를 모신 사리각으로 올라가 친견했다. 사리각은 참배객으로 인산인해였다. 그들은 외국에서 귀한 손님이 찾아온 것을 알고 자리를 양보하는 미덕을 보여주었다.

먼저 동광 스님이 사리함 앞에서 합장한 뒤 사리를 친견했다. 그 뒤를 따라

화두를 참구하는 천동사 스님들

저자도 사리함을 찬찬히 관찰했다. 사리각 스님에 따르면 "부처님의 정골사리는 보는 이에 따라 검정색, 황금색, 갈색으로 보인다"고 했다. 사리를 친견한 뒤 개산당벽에 걸린 대혜의 초상에 시선이 닿았다.

1,700년 전 동진시대 처음 세워진 아육왕사는 대혜 선사가 간화선을 제창하면서 또 다른 선풍을 일으켰다. 대혜가 아육왕사에 머무는 동안 도를 물으러 오는 자가 1만 2천만 명에 이르렀다. 그 시기 대혜는 조동선의 1인자인 굉지정각과 교분을 쌓아갔다. 그러나 종지종풍 문제에 있어서는 뜻을 달리했다. 묵묵히 앉아 좌선만 하는 묵조선을 묵조사선이라고 비판하기 시작했다. 그러나 대혜와 굉지 사이에 오랜 친교가 있었기에 직접적인 비판의 대상이 되지 않았다. 다만 굉지정각의 법형제 되는 진헐청료(眞歇淸了) 계통에서 임제와 조동

아육왕사 사리전에 진신사리를 친견하는 불자들

간의 치열한 비판이 시작되었다. 대혜는 묵조선을 묵조사선이라고 비판하면서 다음과 같이 말했다.

"묵조선이 사유를 물리치고는 눈을 감고 앉아만 있게 함으로써 사람을 목석이나 인형처럼 다룰 뿐더러 처음부터 깨달음이 있다는 것을 믿지 아니하고 정말로 깨달은 자를 엉터리로 보고 깨달음 자체를 장난행위로 본다."

이에 굉지정각은 《굉지광록》에 다음과 같이 말했다.

"진실로 실천할 바는 다만 정좌, 침묵함으로써만 깊이 도달할지니라. 밖으로는 염불의 흐름을 막지 않고 그 심오함으로써 만물을 포용하고 그 오묘함으로써 만사가 바르게, 안으로 의지하는 생각이 없이 훤하게, 독존하여 거리끼지 않고 영묘하고 초월함으로써 스스로 터득할지니라."

대혜는 굉지에게 경의를 표하면서도 수행의 경계를 게을리 하지 않았다. 대혜의 간화선 철학은 다음과 같이 드러난다.

"참선자의 깨달음이 곁가지에 지나지 않는다면 여기에 연구해라. 그러나 만약 깨달음이 곁가지에 지나지 않는다고 믿는다면 딴 데 가서 연구하라. 나는 거짓말을 안 한다. 천동산에 굉지 화상이 있는데 그분은 첫째가는 종사이다. 내가(대혜) 행각으로 돌아다닐 때 그분은 덕을 쌓았고, 이곳에도 그분의 고제자가 있다. 그분에게 묻도록 하라. 만약에 깨달음을 곁가지라고 말한다면 나는 그분을 먹통이라고 단정하겠다."

대혜선과 간화선은 상호존중하면서도 서로 다른 이념으로 비판해왔다. 먼저 비판을 가한 곳은 임제종 계통이었다. 대혜는 묵묵히 앉아 좌선만 일관하는 묵조선을 깨달음과 멀어지는 선이라고 비판하고 나섰다. 굉지정각의 《묵조명(默照銘)》이 있었기 때문에 조동종 굉지파 사람들은 대혜가 비판하고 있다고 믿고 있었다. 일본에 천동사로부터 묵조선을 들고 들어간 도오겐 선사가 '그저 앉아 있으라(只管打坐)'라는 화두를 들고 나온다. 이것으로 묵조선을 계승했다고 믿고 있다. 대혜가 도오겐의 묵조선을 강력하게 비판한 것 또한 당연한 결과이다. 조계종 종정을 역임한 서암 선사는 일본의 선은 화두를 깨는 방식이라고 말했다.

"나는 공안을 몇 개 타파했다. 지난달에는 무슨 공안을 타파했다. 마치 숙제를 풀듯, 하루 하나하나를 풀어나가고 있다. 이는 참구가 아닌 죽은 공부였다."

선이 아닌 선공부라는 말이었다. 가만히 생각해보면 눈 깜짝할 사이에 한 생각을 깨친다는 대혜의 말씀과 굉지정각 선사가 주장한 묵묵히 앉아 좌선하는 묵조선과는 차이가 있다. 오늘날 일본 선불교가 의리선이라면 한국의 선은 대혜의 선의 바다를 잇는 간화선이었다. 조동종은 단하자순의 문하에서 굉지정각과 진헐청료 두 사람이 출현하여 임제종과 뚜렷하게 구분되나 임제종에는 크게 미치지 못하였다. 다만 진헐청료 계통의 천동여정에게 조동선을 이어받아 도오겐이 일본에 조동종을 전한 것이 특이사항이다.

화폭에 담긴 천동사의 모습

간화선과 묵조선의 치열한 공방攻防
천동사天童寺

천동사를 찾은 제5차 세계선차문화교류대회 대표단

1930년의 천동사

송대 이후에는 깨달음을 중시한 간화선과 묵묵히 앉아 좌선만을 중시한 묵조선이 크게 성행하였다. 그 중심에는 대혜종고(大慧宗杲·1089~1163)와 굉지정각(宏智正覺·1091~1157) 선사가 있었다. 둘은 비록 사상은 달랐지만 친교를 맺었을 정도로 돈독한 사이었다. 더욱이 대혜가 주석한 아육왕사(阿育王寺)와 굉지정각 선사가 머물던 천동사(天童寺)는 15분 거리에 있어 두 사람은 더 가까이 지냈다. 그러나 대혜 사후 굉지정각의 법형제 되는 진헐청료(眞歇淸了·1089~1151) 계통이 사상 논쟁을 들고 나오면서 뜨거운 쟁점이 되었다.

굉지정각 선사가 생전에 저술한 《묵조명(默照銘)》이 발단이었다. '몸으로 묵묵히 좌선하면서 침묵하는 그곳을 현전(現前)에 비추어 보면 진리는 분명하나 체험하는 본래 자리는 언제나 그윽하다'고 시작하는 《묵조명》에 '묵묵히 좌선을 하면 정신이 맑고 기운이 청아하다'고 말한 대목이었다. 대혜 선사가 이를 묵조사선이라며 비판에 나서자 대혜의 간화선과 조동의 묵조선은 오랜 논쟁의 늪에 빠졌다.

염주를 돌리면서 화두를 놓지 않는 재가신도

일본 조동선의 향기에 묻혀 버린 묵조선

660년 전 고려의 태고보우 국사는 혈혈단신으로 하무산의 석옥청공을 찾아가 뜻을 계합하여 석옥청공으로부터 임제선법을 받았다. 2008년 12월 15일은 한·중 불교교류사에 중요한 의미가 담겨진 날이다. 고려 땅에 임제선을 재흥시킨 의미를 되새기고자 하무산정에 〈한·중우의태고보우헌창기념비〉를 세운 역사적 의의가 있던 날이기 때문이다.

한·중 우의정의 대련에 '태고 화상의 삼생 원력으로 불심종(佛心宗)을 빛내시어 다시 하무산에 오시니 중국과 한국의 선풍을 동일한 맥으로 비추었다(太古三生願 光佛宗再來 霞霧照中韓禪風同一脈)'라고 새겼다. 저자가 그 여세를 몰아 천동사에 이르렀을 때 이루 말할 수 없는 만감이 교차했다. 1129년 굉지정각이 30년 가까이 머물면서 묵조선풍을 일으킨 천동사는 대혜가 간화선을 연 아육왕사와 가까운 거리에 있었다. 아육왕사와 달리 천동사는 묵조선의 고향이다. 그래서 한국과 일본은 묵조선을 전한 굉지정각의 정신을 잊지 않는다. 그 중심에서 대혜와 굉지는 사상적으로 경쟁관계를 유지하는 동시에 친교를 맺으며 서로 발전해갔다.

중국의 선종(禪宗)은 송나라 때 날이 갈수록 흥성하여 남송 때 한창 번창하였다. 그 시기 천동사는 선종의 명찰(名刹)이 되었다. 경덕(景德) 4년(1007) 진종(眞宗)이 '천동경덕선사(天童景德禪寺)'라는 사액을 내렸다. 신종(神宗)이 즉위한 후 사찰의 승려 유백(惟白)을 청해 문답을 주고받았으며 높은 자리에 앉혔다. 원풍(元豊) 8년(1085)에는 유백에게 금란가사를 한 벌 내렸다. 건중(建中) 정국(靖國) 원년(1101) 휘종(徽宗)은 유백에게 '불국선사(佛國禪師)'라는 호를 내렸다. 천동경덕선사의 유백은 어명으로 《속등록서(續燈錄序)》를 지었다. 건염(建炎) 3년(1129) 정각(正覺) 선사가 계속 주석하며 30년을 머물렀다. 다시 조동정풍(曹洞正風)을 널리 알리며 천여 명 이상의 승려가 주석하던 천동선사는 중흥기를 맞았다.

소흥(紹興) 4년(1134) 천 명을 수용할 수 있는 승당(僧堂)을 건설했다. 14간(間), 20가(架), 삼과랑(三過廊), 삼천정(三天井), 세로 200척(尺), 가로 16장(丈)에 이르렀다. 계속 산문을 넓혀나가 웅장하고 훌륭한 건물을 이루었으며 천불(千佛)을 봉안하였다. 노사나각(盧舍那閣)을 중건하고 53선지식상(善知識像)을 봉안하면서 '천불각(千佛閣)'이라 이름하였다.

소희(紹熙) 4년(1193)에 허암(虛庵) 선사가 천불각을 넓혀 짓기 위해 직공을 모으고 재료를 준비하면서, 세 번의 겨울과 여름을 보냈다. 넓혀 지은 후 천불각의 높이는 3층 12장에 이르렀으며 구름 위까지 솟아 웅장하고 화려하기가 동남(東南)의 제일이었다. 가정연간(嘉定年間, 1208~1224) 태사우승상(太師右丞相) 사미원(史彌遠)이 주청을 올려 '선원오산십찰(禪院五山十刹)'로 지정되었고 천동선사는 다섯 산 중 세 번째 산에 올랐다.

일본 조동종의 자취 곳곳에 남아

이른 아침 일찍 천동사를 찾아 산문에 이르니 한 손에 염주를 들고 도량을 걷는 스님을 볼 수 있었는데 묵묵히 좌선만 하던 굉지정각의 자취는 찾을 수 없었다. 그러나 천동사 곳곳에서 일본 조동선의 향기가 배어났다. 도오겐(道元) 선사가 천동여정 선사를 찾아와 깨달음을 얻은 뒤 일본에 조동선을 전했다.

그 후 일본 조동선파의 법손들이 일본에 조동선을 전해 준 천동여정 선사의 은혜를 잊지 않고 찾아와 곳곳에 가람을 증축하고 조동선의 불길을 타오르게 한 것이다. 개산당에 들렀을 때에도 일본 조동선의 흔적을 찾을 수 있었다. 〈일본 도오겐선사득법영적비(日本道元禪師得法靈蹟碑)〉와 관음보살 뒤 도오겐 선사의 좌상 등 곳곳에서 일본 조동선

일본에 조동종을 전파한 도오겐(道元) 선사

의 자취를 만날 수 있었다. 일본에 조동선을 전한 은인의 땅에 조배를 아끼지 않는 일본인의 정신을 느낄 수 있었다. 근년 한국불교계가 조사의 자취에 무관심하게 있을 때 일본불교계는 의천대각 국사가 머물렀던 항저우 고려사지에 〈중·일 우호 기념비〉를 세웠다.

이는 도오겐 선사가 일본에 조동선을 전한 인연을 내세워 일본이 고려사까지 넘보았다고 볼 수 있다. 뒤에 고려사가 건립되었지만 고려사터는 복원되지 못하고

인근에 혜인고려사가 건립되었다. 쌍수선의 핵심인 유가심인상이 승련사 바위에 암각되었던 사실을 확인하기 위해서 태고보우의 임제 선법을 이은 구곡각운 선사가 머물던 남원의 승련사를 찾았다.

천동사에 세워진 〈일본도오겐선사득법영적비〉

때마침 인근 인월의 황매암에 주석하고 있는 일장 스님을 만나면서 의문이 풀렸다. 향긋한 차가 입안에 막 감돌 즈음 스님께 이야기를 꺼냈다.

"스님, 한국 불교계는 왜 조계종이 신주처럼 받드는 대혜의 자취에 관심이 없습니까?"

"그야 당연합니다. 한국불교계는 대혜가 남긴 서장의 지침을 배우고자 함이지, 그의 자취와 행적을 밟겠다는 의지는 아니지요."

스님의 말을 듣다가 곰곰이 생각해 보니 근래 고우 스님이 108순례단을 이끌고 아육왕사와 천동사를 찾았을 때의 정경이 생각났다. 스님은 "우리가 선을 공부하는 목적은 본래 부처자리인 공(空, 비움)을 깨달아 날마다 향상되고 좋은 날이 이어지는 행복을 찾는 것"이라고 말했다. 또 "바깥에서 찾는 행복을 버림으로써 부처가 발견한 진정한 세계가 어떤 것인지 간절하게 느끼는 순례가 되어야 한다"고 강조했다. 고우 스님의 말씀에서 일장 스님과 같은 생각임을 발견했다. 즉 스님의 자취보다는 대혜와 사대부가 주고받은 살림살이를 반조하는 것이 참뜻임을 발견하게 되었다. 그러나 일본은 달랐다. 가는 곳마다

일본 학생들이 해마다 천동사를 찾아 참배하고 있다

자취를 남기고 족적을 남겨 '여기는 우리 조사가 머문 곳' 등과 같은 기록으로 남겼다. 천동사 곳곳에 남겨진 일본 불교의 흔적에서 일본인의 자부심을 느끼며 그것이 얼마나 중요한 일인지 되새기게 되었다.

다행히 저자의 끈질긴 노력으로 쓰촨성 대자사에 〈무상선사행적비〉와 하무산 정상에 〈태고보우국사현창기념비〉를 건립함으로서 한국과 중국의 황금유대를 공고히 하였다. 대혜와 고봉의 자취를 찾는 길 또한 두 스님의 노정에서 진정한 '참나'를 발견하고자 함이다. 아울러 그 속에 도도히 흐르는 한국선종의 맥박을 듣고자 함이었다.

굉지정각의 묵조명

굉지정각 선사

천동사 대나무 숲길을 걷다가 대죽 사이로 눈부신 빛이 밝아 왔다. 굉지의 말씀이 들려오는 듯했다.

'묵묵히 앉아 좌선하라.'

그 뒤를 이어 일본의 도오겐 선사는 천동사를 찾아 천동여정 선사에게 인가받은 뒤 일본으로 건너가 조동선을 일으켰다. 그는 더 나아가 '그저 앉아 있으라'는 '지관타좌(只管打坐)'를 주장했다. 두 가지 의문을 갖고 방장실에 들러 전 방장 스님과 문답을 나누었다.

천동사의 대죽

여기는 굉지 묵조선의 본향인데 도대체 굉지선의 종풍은 무엇입니까.

"그 당시에는 묵묵히 앉아 좌선만 하면 되었는데 지금은 그렇지 않습니다. 행선을 하는 사람, 주력을 하는 사람, 일하면서 좌선하는 사람 등 풍토가 많이 바뀌었습니다."

왜 그렇게 되었다고 생각합니까.

"허운 대사의 가르침이지요. 지금 우리는 근기가 열약(劣弱)합니다. 그래서 큰 조사 스님들 여럿이 부득이 방편을 빌려서 일구화두(一句話頭)를 참구하라 가르친 것입니다. 송조(宋朝) 이후에는 염불하는 사람이 많아지자, 조사 스님들이 '염불하는 것은 누구인가(念佛是誰)?'를 참구하라고 가르쳤습니다. 지금 각지에서 공부하고 있는 것은 모두 이 한 법을 참구하는 것입니다.

그러나 많은 사람이 아직도 이 공부법을 분명하게 이해하지 못하고 있습니다. '염불시수'라고 하는 화두를 입으로 되뇌듯이 하면서 끊임없이 이것을 생각으로 지어갑니다. 결국 하나의 염화두(念話頭)가 되어 버리는데, 이것은 화두를 참구하는 것이 아닙니다. '참구한다(參)'는 것은 그 '보는 뜻(看義)'을 참구하는 것입니다. 그래서 흔히 선당마다 '조고화두(照顧話頭)'라는 네 글자를 벽에 붙여 놓은 것입니다. '조(照)'라 함은 '돌이켜 비추어 보는 것(反照)'이고 '고(顧)'라 함은 '돌아보는 것(顧昐)'입니다. 즉, 스스로 자기의 성품을 돌이켜 비추어 보는 것(自反照自性)입니다. 그리하여 오로지 '바깥으로 구해 치달리는 마음'을 안으로 돌이켜 비추어 보게 될 때, 비로소 '화두를 본다(看話頭)'고 할 수 있습니다."

천동사 전 방장스님은 방장실 옆 앉은뱅이 의자에 앉아 신문을 읽다가 필자의 의견에 대한 견해를 말했다. 스님의 말씀을 들으니 염불시수(念佛是誰)가 강력히 다가왔다. '염불하는 이가 누구인가.' 그것이 오늘의 중국선가의 살림살이였다. 그 뒤였다. 닝보항에서 중국 차 수출을 기념하기 위해 세워진 〈해상 차로 기념비〉 제막식에 초대받은 날 닝보 칠탑사 스커시앙(釋可祥) 방장의 천거로 천동사 창씬(誠信) 방장과 해후했다. 칠탑사 방장이 2010년 제5차 세계 선차문화교류대회를 이끈 한국 대표라며 저자를 소개하자 극진히 반겼다. 티에씬 방장은 대혜와 굉지정각이 사상과 종지는 달라도 친교를 맺은 것처럼 우리도 두 손을 맞잡고 선불교를 선양하자고 제안했다.

조동종은 굉지정각이 묵조선을 들고 나오면서 눈부시게 발전 했다. 그 중심은 천동사였다. 천동사는 1,700년의 역사를 지닌 곳으로 당나라 때 종필(宗弼) 선사가 동곡의 협곡천(峽谷淺)에 감동하여 지덕(至德) 2년(757)에 태백봉 아래(지금의 천동선사 자리)로 절을 옮겼다. 의흥 대사가 개산한 곳에서 1km 떨어진 곳이다. 건원(乾元) 2년(759) 상국(相國) 제오기(第五琦, 당나라 중기의 재정가)가 숙종(肅宗)에게 청하여 영롱암(玲瓏岩)에 '천동영용사(天童玲瓏寺)'라는 사액을 내렸다. 대중(大中) 원년(元年·847)에 함계(咸啓) 선사가 주석하였으며 동산종풍(洞山宗風)을 널리 알렸다. 그때 마침 조동종(曹洞宗)이 새롭게 발족했다. 함통(咸通) 10년(869)에 저둥(浙東) 관찰사 양엄소(楊嚴所)가 청하여 의종(懿宗)이 '천수사(天壽寺)'라는 이름을 내렸다. 이 같은 역사가 담긴 천동사는 지금 온통 일본 조동종의 물결에 잠겼다. 1990년 말 처음 천동사를 찾았을 때 도오겐 선사의 자취가 곳곳에 남아있음을 감지했다. 일본 조동선의 후학들이 가람을 보수하고 중국 조동선과 관련한 비석을 건립하면서 한국선종은 들어갈 공간을 마련하지 못한 것이다. 그러나 묵묵히 앉아만 있으라는 일본 도오겐의 가풍은 여기서 무너졌다.

천동사의 수행법은 '염불수시'가 근간을 이룬다. 이는 허운 대사 이후 줄곧 이어온 중국선종의 가풍임이 짐작된다. 굉지 선사가 열반할 즈음 49제 법문을 대혜 선사께 친히 부촉 했을 정도로 두 선사는 우정이 돈독했다. 그러나 굉지의 법형제 되는 진헐청료가 대립각을 세우면서 묵조선과 간화선은 논쟁의 불씨가 꺼지지 않았다. 이에 대해 아육왕사를 순례한 동광 스님은 "대혜와 굉지 사이의 우정은 각별했습니다. 다만 그 후학에 이르러 간화선과 묵조선은 끝없는 논쟁에 휘말렸습니다"라고 말했다. 천동사 부근의 대나무 숲을 걷다가 문득 굉지의 열반송이 머리를 스쳐갔다.

'꿈 같고 허깨비 같고 허공꽃 같이 67년을 보냈구나. 백로는 노을 속으로 사라지고 하늘에 닿았도다.'

이 말을 되새기며 천동사를 빠져 나왔다.

묵조선의 체취가 살아 있는 천동사

　깨달음의 체험을 중시한 대혜종고의 입장에서 '묵묵히 앉아 좌선만 하는 것'
이 깨달음을 지향하는 방법이라고 제시한 조동종의 굉지파에 대립각을 세웠
던 것은 당연한 일이다. 이러한 사상 논쟁은 달마 이후 이미 홍인 문하의 신수
와 혜능의 돈점논쟁의 불씨를 더욱 타오르게 했다. 홍인 대사가 황매의 빙무산
오조사에서 대중을 제접하고 있던 때였다. 그때 신수 대사를 홍인의 유일한 법
맥을 계승할 사람으로 염두해 두고 있었다. 당시 혜능은 노행자였다. 홍인은
700여 제자 중에 자신의 법을 이을 사람은 게송으로 답하라고 말하였다. 당연
히 홍인의 법을 이을 사람은 신수밖에 없었다. 다음날 신수 대사가 행랑 벽에
게송을 지어 놓았다.

　　身是菩提樹　몸은 곧 보리(菩提)의 나무요
　　心如明鏡台　마음은 명경(明鏡)의 대(臺)와 같소
　　時時勤拂拭　그러니 시시(時時)로 부지런히 닦고 털어서
　　莫遣有塵埃　먼지가 끼지 않게 합시다.

'태백명산'은 천동사의 역사를 말해주는 귀중한 석비로
이 탁본은 일본 교토의 도후쿠지에 보존되어 있다

다음날 위의 게송이 대중에게 알려졌다. 노행자는 동학의 스님에게 문장이 어떤 어구로 되어 있는지 물었다. 동학이 말하길 "너같은 사람은 알 수 없다. 홍인 대사께서 대중에게 법을 구하는 마음의 게송을 지어오라고 하셔서 신수 대사께서 지은 것이다. 홍인 대사가 보시고 찬탄하였으니 장차 법을 전하실 것이다." 이 이야기를 전해 들은 혜능은 곰곰이 생각한 후에 마음속으로 게송을 짓기로 결심했다.

혜능은 야밤에 행랑 쪽으로 가서 지나가는 동자에게 촛불을 잡아줄 터이니 신수 대사 게송 아래에 자기가 말하는 대로 써 달라는 부탁을 했다. 동자는 혜능의 부탁대로 게송을 써 주었다.

菩提本無樹　보리라 할 때 나무가 따로 없고
明鏡亦非台　명경(明鏡)은 대(台)에 있을 때만이 아니다
本來無一物　본래(本來) 한 물건도 없거니
何處惹塵埃　어느 곳에 먼지가 끼겠는가?

다음날 홍인이 그 글을 보더니 '역시 견성한 글은 아니다'라고 하여 대중의 이목을 다른 곳으로 돌리려 했다. 홍인은 혜능에게 일러 심경에 방앗간으로 가서 조실방으로 건너오라고 하였다. 혜능이 조실방으로 건너가 예를 올리니 홍인이 말하길 모든 부처님이 이 세상에 출현한 것은 일대사 인연이라고 말한 뒤 은밀히 혜능에게 게송으로 부촉했다.

有情來下種　유정은 와서 씨를 뿌리니
因地果還生　땅을 인연하여 과실이 출생한다
無情既無種　무정은 이미 종자가 없으므로
無性亦無生　성품도 없고 또한 중생도 없도다.

홍인은 혜능에게 즉시 황매현을 떠나도록 당부했다. 다음날이 되어 홍인의 법이 신수에게 전하여 지지 않고 노행자에게 전해졌음이 알려졌고 혜능은 그 길로 조계로 가서 조계선종의 종조가 되었다. 이때부터 홍인 문하가 두 갈래의 선종으로 갈라져 남북양종이 생겼다. 신수를 중심으로 이루어진 북종선과 혜능을 중심으로 이루어진 남종선이 바로 그것이다. 이러한 역사적 수레바퀴를 거치면서 달마의 선법은 임제하에 황룡혜남과 양기방회로 나뉘어져 양기파는 백운수단, 오조법연, 원오극근을 거쳐 대혜종고에 의해 공안선으로 싹을 틔웠다. 이것으로 호구소륭으로 이어진 원오극근의 맹아가 대혜종고에 의해 꽃피워졌다고 할 수 있다. 이것은 깨달음의 체험을 중시한 돈오를 위주로 한 선이 시작된 것으로 점수를 위주로 한 북종선은 점차 사그라져 갔다.

그러나 선의 세계에서 간화선만이 독주하도록 둘 리 없었다. 마조하의 석두희천은 남악 형산에서 약산유엄 — 동산양개를 중심으로 한 조동선을 싹틔우며 묵조선의 한 시대를 열어갔다. 닝보의 천동선사(天童禪寺)를 중심으로 이루어진 묵조선은 굉지정각에 의해 한 시대를 이끌어 갔다. 일본에서 송나라로 유학온 도오겐 선사가 '가만히 앉아 묵묵히 있으라[只管打坐]'는 묵조선을 일본으로 전파하면서 전성기를 이루었다. 이후 묵조선과 간화선은 근세에 이르기까지 동아시아 선의 맹주로 발전해갔다.

　일본에까지 묵조선풍을 떨친 천동사는 닝보의 명찰로 송대 이후 조동선의 향기가 물씬 풍기는 곳이다. 바람결에 대죽을 몰아치는 그 기세는 단숨에 천동사로 이어져 내려왔다. 저자가 천동산 정상에서 천동사를 바라다보니 문득 송나라 때 대혜의 간화선과 굉지의 묵조선이 공방을 벌이던 장면이 하나씩 되살아나는 것 같았다. 그러나 대혜와 굉지는 사상적 간극이 있었어도 친교를 맺고 있었기 때문에 둘 사이는 생각만큼 소원하지 않았다. 지금도 여전히 아육왕사와 천동사의 스님들은 법담을 주고받을 정도로 가깝게 지내고 있다.

묵조선 살아있는 천동사의 오늘

천동사를 찾는 왜자인들 굉지가 일으킨 묵조선의 체취를 느끼며 활짝 웃고있다

해상 실크로드의 출발지였다는 자부심이 대단한 닝보(寧波)에서 '제5차 세계선차문화교류대회'를 유치한 까닭은 내심 선차동전을 염두에 둔 것 같았다. 더 나아가 이번 선차대회의 무대인 닝보시 강동구는 대혜가 간화선을 일으킨 동시에 아육왕사와 굉지정각이 묵조선을 일으킨 천동사가 있는 곳이다.

그런 이유로 해상 실크로드 뿐 아니라 선차 동전 또한 닝보로 생각하고 있는 것 같았다. 2009년 5월 25일 칠탑사에서 선차기념비를 제막하고 4일간 깨달음의 순간들을 마친 그 다음날 천동사를 찾았다. 천동사를 찾던 날 빗방울이

천동사 방장과 저자는 천동사 도록에 실린 사진을 살피고 있다

온 대지를 촉촉이 적시고 있었다. 우리는 우산을 받치고 천동사 산문(山門)으로 들어섰다.

대혜와 굉지정각의 자취를 찾아 몇 차례 탐방한 적이 있었으나 이번 탐방은 그 어느 때보다도 감동적이었다. 제5차 세계선차문화교류대회에 한·중·일이 동시에 참가한 점에서 상징적 의미가 크다고 할 수 있었다. 더욱이 저자가 칠탑사 커시앙(可詳) 방장과 함께 천동사 창쎈 방장을 만난터라 각별했다. 일행은 방장실로 향했다. 먼저 닝보시차문화촉진회 첸웨이치엔(陳偉權) 부비서장이 앞 서고 그 뒤를 한국, 중국, 일본의 대담단이 따랐다. 방장실에 이르니 창쎈 방장이 일행을 기다리고 있었다.

대화를 나누는 동광 스님

창씬 방장과의 해후

전날 창씬 방장과의 해후는 선차문화교류대회 참가대표단으로서는 각별했
다. 방장스님은 대표단과 인사를 나눈 뒤 저자를 보더니 매우 반갑게 맞았다.
일행은 방장실 좌측 의자에 앉았다. 차가 한 잔씩 나온 뒤 창씬 스님은 천동사
의 역사적 배경을 이야기했다.

"천동사는 닝보시의 4대 사찰 중의 하나로 아육왕사, 칠탑사와 함께 1,700년의 역사
를 지니고 있습니다. 어제는 칠탑사를 다녀오셨고 오늘은 천동사에 오셨는데 무척 환
영하는 바입니다. 천동사의 문화와 역사는 당나라 때 종필 선사가 서진 영강년(서기
300) 승려 의흥(義興)이 지력 2년(757)에 태백산 아래 개산(開山)한 이래 오늘에 이르

천동산에서 바라본 태백산

렀습니다. 그가 행각하다 영주 불회군 남산의 동쪽에 이르자 산수가 좋은 그곳에 초암를 짓고 수행한 것이 시작이었습니다. 천동이란 이름은 하늘이라는 뜻에서 따왔습니다. 중국에서 1,700년의 유구한 역사가 있는 사찰입니다. 송대에 닝보의 천동사는 항저우의 영은사와 쌍벽을 이루었습니다.

스님들은 선당 사찰에서 수행을 하고 있습니다. 천동사의 역사가 매우 깊은데 우리가 알다시피 송대 시기 일본에 불교를 전한 일도 있으며 일본과의 인연이 매우 깊습니다. 송시기 일본과의 교류는 매우 발전했습니다. 일본 스님께서 처음 천동사에 와서 유학한 후 차문화, 차씨, 차나무를 일본으로 가져갔습니다. 천동사 10명의 스님께서 일본에 건너간 뒤 일본과의 불교문화 교류가 활발했습니다. 그 밖에 한국과의 관계도 있는데 한국의 구법승이 닝보에 와 선법을 배우고 다시 한국으로 들어갔습니다. 이를 우리들은 동전이라고 합니다. 닝보가 선차 동전을 이룬 까닭은 뱃길과 밀접하여 일본과 교류가 원활했다. 또한 한국의 구법승이 닝보를 통해 입성했다는 사실입니다. 닝보는 해상 실크로드의 출발지점입니다. 인도에 있는 스님이 중국으로 온 뒤 중국에서 배를 타고 한국에 들어가 불교를 전했습니다. 그렇기 때문에 천동사는 한국불교 뿐 아니라 전 세계의 불교와 인연이 매우 깊습니다.

천동사는 역사적으로 주요한 스님을 많이 배출했습니다. 천동사는 중흥기 때에 999칸의 방을 가지고 있고 이 중에는 명대에 지어져 400년의 역사를 지니고 있는 건물도 있습니다. 사찰에는 100명 이상의 스님들이 참선과 염불을 하며 수행중입니다."

창씬 방장의 말씀을 경청한 뒤 〈선문화〉 잡지를 전달했다. 이어 이번 제5차 세계선차문화교류대회에 참가한 청담문화재단 이사장인 동광 스님을 소개하자 매우 놀라워했다. 동광 스님은 이번에 대혜의 자취를 좇는 구법 일념으로 참가하게 되었다고 말하자 창씬 스님은 예부터 닝보와 한국선종은 밀접한 관련이 있다고 말했다. 동광 스님은 이 모두가 불연이라며 창씬 스님에게 "스님을 뵈니 관음보살의 환한 미소를 대하는 것 같다"고 말하자 미소로 답했다. 필자가 대혜와 굉지의 정신을 이어가자고 하자 기쁜 일이라고 답했다. 창씬 스님과 다담을 나눈 뒤 원행 스님이 즉석에서 달마도를 그렸다. 그러자 창씬 스님은 즉답으로 불자를 그려주었다. 이렇듯 한국과 중국의 인연이 마음과 마음으로 이어졌음을 절감했다. 창씬 방장과 작별 한 뒤 방장실을 나와 뜰을 거닐며 조사전에 이르니 달마상이 마음에 서렸다.

굉지정각이 묵조선을 일으킨 터전을 가만히 생각해 보니 남송 시기 천동사에서 가장 크게 번창하였다. 이는 굉지정각의 불국 의지에서 비롯된 것 같았다. 숙종이 '천동령룡사(天童玲龍寺)'라는 사액을 내린 뒤 천동사는 나날이 번창해나갔다. 대중 원년(元年·847)에 굉지정각선사가 함께 주석하면서 동산종풍을 널리 알렸다. 그때 마침 동산양개가 중심이 되어 조동종풍을 널리 알려졌던 시기였다. 그리고 함통 10년(869) 저동(浙東) 관찰사 양엄소(楊嚴所)가 청하여 의종(懿宗)이 '천수사'라는 이름을 내렸다. 그 뒤 경덕 4년(1007) 진종(眞

140

宗)이 '천동경덕선사'라는 사액을 내렸다. 천동사라는 사명을 얻게 된 것은 명 태조 홍무 15년(1386)의 일이며 중흥기는 남송시기였다.

굉지정각(宏智正覺·1091~1157) 선사가 천동사에 주석하면서 묵조선을 선양한 것이 그 시발점이었다. 굉지정각 – 단하지순으로 이어지는 법맥은 굉지 선사가 산시성 습주현에 태어난 뒤 산시성 자운사, 허난성의 단하산 서운사 등에서 수행한 끝에 '공겁 이전의 내가 누구인가'라는 공안을 타파, 단하자순에게 인가를 받았다.

38세 때《묵조명》을 찬술하고 그 뒤 묵조선을 일으켰다. 그의 나이 38세 당시 주지가 비어있던 천동사로 들어가 묵조선을 일으키면서 대혜의 간화선과

제5차 세계선차문화교류대회 한·중·일 대표단이 천동사를 찾아 창씬 방장스님과 다담을 나눈 후 기념촬영을 했다

한판 승부수를 던진다. 굉지 묵조선의 핵심은 《굉지광록(宏智廣綠)》에 다음과 같이 전한다.

진실로 실천할 바는 다만 정좌 침묵함으로써만 깊이 도달할지니라. 밖으로는 연분의 흐름을 막지 않고, 그 심오함으로써 만물을 포용하고, 그 조묘함으로써 만사가 바르며 안으로 의지하는 생각이 없이 훤하게 독존하여 거리끼지 않고, 영묘하고 초월함으로써 스스로 터득할지니라.

그러나 대혜는 굉지에게 묵묵히 좌선만 하는 것은 묵조사선이라는 비판을 가했다. 《대혜어록》〈보설(普說)〉을 살펴보자.

참선자가 만약 깨달음이 있다고 믿는다면 여기서 연구해라. 그러나 만약 깨달음이 곁가지에 지나지 않는다고 믿는다면 딴 데 가서 연구해라. 나는 거짓말을 안 한다. 이 천동산에 천동(宏智) 화장이 있다. 그 분은 첫째 가는 종사다. 내가 아직 행각으로 돌아다닐 때 그 분은 승려 신분이었다. 또 이곳에는 그분 고제자도 있다. 그대는 모름지기 그분에게 묻도록 해라. 만약 그분이 깨달음은 곁가지라고 말한다면 나는 그분도 먹통이라고 단정하겠다.

이를 두고 한동안 묵조선과 간화선 사이 대립의 씨앗이 불거졌다. 창씬 방장은 오늘을 놓고 볼 때 칠탑사의 임제파, 천동사의 조종파이지만 칠탑사 커시앙 방장과 천동사 창씬 방장 지간에 친교를 맺은 것처럼 대혜나 굉지도 같았을 것 같다고 피력했다. 지금의 중국선종사찰을 보면 허운 대사가 주장한 염불시수(念佛是誰)가 중심을 이룬다. 어떤 선찰을 찾아가도 '염불하는 자가 누구인가'라는 화두가 중심을 이룬다. 허운 대사의 《참선요지》는 다음과 같이 말하고 있다.

지금 우리는 근기가 열약합니다. 그래서 큰 조사 스님들이 부득이 방편을 빌려서 일구화두(一句話頭)를 참구하라고 가르쳤습니다. 송조 이후에 염불하는 사람들이 많지만 여러 조사스님이 '염불하는 것은 누구인가(念佛是誰)'를 참구하라고 가르쳤습니다. 우리 선당에 보면 '조고화두'라는 네 글자를 벽에 붙여 놓는 것을 볼 수 있습니다. '조(照)'라 함은 '돌이켜 비추어 보는 것(反照)'이고 '고(顧)'라 함은 '돌이켜 보는 것(顧盼)'입니다. 즉 스스로 자기 성품을 돌이키며 비추어 보는 것을 말합니다. 마음을 안으로 돌이켜 비추어 보게 될 때 비로소 화두를 본다(看話頭)고 말할 수 있습니다.

중국 선찰을 탐방할 때마다 허운 대사가 주장한 염불시수를 선방마다 커다랗게 써붙인 모습을 볼 수 있었는데 이는 허운 대사의 참선 지도법이 중국 선가의 근간을 이루고 있음을 보여 주는 듯했다. 대혜의 단박에 깨친다는 공안선과 묵묵히 앉아 좌선만 해도 깨칠 수 있다는 굉지의 정신이 오늘 날 허운 대사의 '염불하는 자가 누구인가'라는 공안으로 접점되면서 염불시수가 중국선종의 깨달음의 근간을 이루는 것 같았다.

더욱 깊어가는 일본불교와 중국불교
그리고 경산사까지

일본에 선차를 전해준 허당지우 선사의 은혜를 잊지 않은 묘신사파 스님들이 경산사를 찾아 조배하고 있다

2008년 4월 19일, 항저우(杭州) 여항(余杭)의 경산(徑山)에는 일본 묘신사파 스님과 신도 200여 명이 송나라 시기 고승 허당지우(虛堂智愚) 선사의 영정을 모시고 법당 앞에 향을 사르고 차를 올리려 일본에 차와 선을 전한 은혜를 찬탄했다. 일본불교계는 해마다 경산사(徑山寺)를 찾아 일본에 차와 선을 전한 은혜의 나라에 감사를 표한다. 경산이 일본 다도의 조정이 되면서 일본불교계와 차계의 수많은 발길이 해마다 경산으로 와 닿았다.

이유인즉 허당의 다풍을 난포조묘(南浦昭明)가 이어가 잇큐(一休)를 거쳐 센리큐까지 이어지면서 일본다도가 경산에서 완성되었다고 믿고 있기 때문이다. 그에 비하면 한국불교계는 중국과의 인연관계가 아직 점(點)에 불과하다. 한국선은 중국으로부터 연원되었다고 입버릇처럼 말해왔으나 한국불교계의 시각은 중국의 고적은 있지만 선풍은 없다고 굳게 믿고 있다. 근래에 들어 기자단을 끌고 수많은 참배객이 중국땅을 밟고 있으나 한국에 선을 전해준 은혜에 감사를 표하려하지는 않는다. 신라 왕손으로 중국에 들어간 지장(地藏)과 무상(無相) 선사의 행적을 찾아 향을 사르고 공차의식(供茶儀式)의 예를 올린 광경을 이제껏보지 못했다.

그나마 2005년 쓰촨성(四川省) 대자사(大慈寺)에 세워진 〈무상선사행적비〉의 건립으로 그동안 남악(南嶽) 중심으로 굳어진 마조(馬祖)의 법연(法緣)이 무상으로 이어졌다는 시각을 바꾸어 놓은 결정적 계기를 만들었다. 다만 최근 조계종이 주도하여 이 땅에 간화선을 전해준 대혜종고의 자취를 찾는 물결은 있었으나 조사의 유풍을 전한 은혜에 보답하는 공식행사는 보지 못했다. 일본은 그 점에서 우리보다 한 수 위에 있다. 의천이 세운 고려사(高麗寺)터에도 일본과 저장성(浙江省)이 합작하여 호텔을 건립했다. 우리는 뒤늦게 조사의 유풍

경산사를 찾은 일본의 신사 신도들

경산 만수선사

경산사에서 출토된 향로. '천목(天目)'이라는 글자가 선명하게 양각되어 있다.
항저우 차엽박물관에 보관되어 있다

을 더듬는 실정에 이르렀다. 경산사에서 열린 대규모 법회에서 한국인으로는
저자가 유일했다. 그 광경을 지켜보면서 저자는 참으로 참담한 순간을 맛보았
다. 중국과의 교류에 문제점으로 첫째는 중국불교와 한국불교를 잇는 전문가
의 부재, 둘째는 조사의 유풍을 생명처럼 이으려는 정신의 부재를 들 수 있다.

〈김지장기념비〉(2001, 4), 〈무상선사행적비〉(2005, 10), 〈태고보우국사
행적비〉(2008, 11)가 건립되면서 한국에 대한 인식이 조금씩 변화하기 시작
했다. 그나마 난창(南昌) 우민사(佑民寺)의 〈도의국사구법기념비〉(2008)로
조계종이 중국에서 이어진 한국 선맥의 상징임을 나타낸다. 신라 말 전성기를
이룬 구산선문(九山禪門) 법통으로 중국을 대고 있듯이 한국불교의 선맥을 논
함에 있어서 중국과 연결지으려 하고 있다. 도의(道義), 홍척(洪陟), 혜철(惠
徹), 범일(梵日), 철감(澈鑒)과 태고보우(太古普愚)에 이르기까지 모두 중국에

그 연원이 있다. 그러나 한국 불교의 선을 있게 한 은인을 찾아 조배하는 후학들은 찾아보기 힘들었다.

깊어가는 중·일 불교

저장성(浙江省)은 일본불교의 핵이었다. 일본불교계는 중국의 선과 천태사상을 일본에 전한 은혜에 한없이 감사해한다. 그 내면에는 일본화 된 중국불교를 염두에 두고 있는 것 같았다. 한국불교의 상징과도 같은 항저우 고려사 옛터에 〈중·일우호비(友好碑)〉를 세우고 일본과 중국의 친선을 도모하려한 점만 보아도 일본은 한국불교보다 한 수 위다. 게다가 인근의 중국 천태산(天台山) 국청사(國淸寺)에서 일본에 천태종(天台宗)을 전한 전교 대사를 기념하기 위한 대대적 헌창을 시작했다. 저장성 닝보(寧波) 천동사의 도오겐(道元) 선사가 조동선을 일본에 전한 인연을 잊지 않고 있는 까닭이다.

최근 닝보가 녹차산지로 명명되면서 해상차로를 건설하고 일본과 한국을 초대하여 학술연토회를 여는 등 그 기세가 해상을 넘나든다. 사실 해상교역은 장보고 선단을 통한 신라와 일본의 왕래가 시작이었다. 그러나 우리 후학들은 선조가 이룩한 업적을 묻어둔 채 침묵으로 일관했다. 이때 일본은 앞다투어 저장성 곳곳과 우호관계를 맺었다. 일본과 우호관계에 있는 저장성을 살펴보자. 후저우시(湖州市)를 일본의 시마다시(島田市)와 소흥시(紹興市)와 후지노미야시(富士宮市), 해녕시와 오야마마치(小山町), 가흥시(嘉興市)와 후지시(富士市)가 우호관계를 유지해왔다.

게다가 절묘하게 차를 앞세워 중·일 교류를 맺음으로써 한국을 저만치 따돌려버렸다. 저장성과 한국의 친연관계는 일본 못지 않았다. 항저우 혜인고려사를 의천이 세웠을 정도로 중국과 돈독한 관계를 유지했다. 그런데도 한국은 일본과 같은 적극적인 우호관계 형성에는 소극적이었다. 그러던 중 중국 차학의 대부격인 쫭완팡(庄晩芳) 선생이 "경산다연(徑山茶宴)이 일본으로 건너가 화(和)·경(敬)·정(精)·청(淸)·도(道)·덕(德)을 널리 전했다"고 말했다. 게다가 2008년 3월 15일 중국 국가주석 후진타오(胡錦濤)가 중·일 청소년교류년(靑少年交流年) 개막식 행사에 참가해 "차로서 인연을 맺고 조화를 이루자"라고 말해 일본과의 관계를 더욱 돈독히 하였다.

그 후 중·일은 예년보다 더욱 활발한 교류가 이루어졌다. 사실 일본의 다도는 쇠하여 젊은이들이 차에 매료되지 못하고 있었다. 그 틈에 중국으로 관심을 돌렸다. 그러나 한류바람에 힘입어 (사실 중국은 한국을 더 친숙하게 느끼면서) 일본다도를 멀리했었다. 그 틈을 비집고 들어온 것이 일본이다. 일본에게 중국 국가주석 후진타오의 말은 천군만마를 얻은 것과 같았다. 항저우 시내의 대형무대에서 열린 불교음악회에 참가하게 되었는데 중·일 음악회를 보고 깜짝 놀랐다. 중·일 200여 명의 스님과 신도들의 장엄한 합창소리가 한 사람처럼 들렸다. 불교음악이야말로 인종을 초월하여 한 마음이 되게한다는 사실을 알았다. 저자는 이 자리에 한국이 빠진 것이 못내 아쉬워 음악회가 끝난 뒤에도 덕산의 방망이를 맞은 듯 한동안 멍하니 그 자리에 있었다.

3월 베이징(北京)에서 태고종(太古宗) 스님들을 초청하여 중국불교음악의 진수를 보여주는 자리를 마련했다. 영산제(靈山齋)와 중국불교음악을 교류하자는 취지에서였다. 그러나 들리는 후문으로는 한·중 공동 공연이 아니었다. 각각 자기네 나라의 음악을 보여주는 것뿐이었다. 그러나 중·일은 우리보다 한 단계 더 나아가 공동 공연을 이루고 있었다. 일본과 중국의 연합 합창은 사람들의 심금을 울렸다. 음악회가 끝난 그날 밤 의천이 세웠던 고려사 옛터인 화가산장에서 갖가지 든 생각에 늦은 밤까지 뜬눈으로 보냈다. 2007년 법상사 옛터에 혜인고려사를 건립하면서 이목이 집중된 고려사는 의천의 존재가

2009년 경산사에서 시연한 일본 말차다도

점차 사라져 가는 모습을 보면서 참담한 생각이 들었다. 더욱이 혜인고려사가
중국의 첫 문화사찰로 건립되면서 종교시설로써는 전무한 형태를 만들었다.

　1995년 일본은 저장성과 50만 평에 이르는 옛 고려사 터 위에 저장성 정부
와 공동으로 출자하여 계하루, 수선루, 두견루 등 세 동의 호텔을 건립했다.
1995년 4월 준공된 이 호텔은 1998년 일본과 우호조약체결, 20주년을 기념
하는 역사적 건물을 이곳에 건립하겠다는 의지가 역력했다.

　왜 그들은 고려사를 선택했을까. 이유인즉 의천이 세운 고려사를 사전에 한
국이 세우지 못하도록 막겠다는 의지가 깊이 깔려있기 때문이다. 일본이 고

려사터에 호텔을 건립한 것은 일본 조동종의 개조 도오겐 선사가 닝보의 천동여정 선사를 찾아가 인가받은 뒤 그 법을 일본에 전한 사실과 무관하지 않다. 거기에 일본불교와 한국불교의 숙명적 대립이 싹텄다. 구한 말 조동종이 한국에 침투해 들어왔을 때 친일승려 이회광을 앞세워 한국불교를 통째로 흡수하고, 조계 - 조동종 합병 작업을 한 전례를 보더라도 일본 조동종은 중국과 한국을 통째로 조동종화 시키려는 생각을 가지고 있었음을 알 수 있다. 의천이 중흥한 화가산장에서 그러한 역사적 사실을 되짚어보면서 갖가지 생각에 잠겼다.

이번 행사는 항저우시불교협회 회장인 광첸 스님의 요청으로 이루어졌다. 항저우시불교협회가 제1회 국제선차문화연구, 고봉연토회를 경산사에서 개최한다는 취지에서였다. 최근 선차문화의 폐단을 바로잡고자 고봉연토회를 갖자는 의미에서 한국대표로 초청되었다. 그 자리에서 저자는 논문〈동방문화권의 선차문화의 발전방향〉에서 2001년 가을 신라의 무상 선사가 중국 오백나한의 반열에 오른 사실을 처음 밝혀내 쾌거를 이루었다고 서두를 꺼낸 뒤 "무상 선사는 선차지법(禪茶之法)을 개창한 사람으로 그 정신을 송나라 때 원오극근(圓悟克勤) 선사가 이어갔다. 그는 다선일미(茶禪一味)를 들고 나온 뒤 선과 차는 그림자처럼 따라다녔다. 그 뒤부터 차와 선에 숭고한 사명의식이 주어졌다. 한 잎의 찻잎이 여러 잎이 모여 향기를 내듯 차와 선은 1천 5백 년 동안 동아시아 사람들의 인생, 철학, 종교와 어우러지면서 빚어낸 큰 봉우리로 자리매김했다. 게다가 인생, 철학, 종교를 더해 차와 선이 만나면서 동방문화의 한 봉우리가 되었다"고 발표했다.

다음 날 날이 밝자 일행을 태운 버스는 화가산장을 떠나 1시간 30분 만에 여항의 경산에 도착했다. 경산에 이르자 장대비가 쏟아져 우산을 받치고 한참만에야 경산사에 이르니 또 한 번 놀랐다.

경산으로 간 일본 다도

밖에는 빗방울이 멈추
지 않았다. 법당 안은 일
본 묘신사파(妙心寺派)
스님들로 인산인해를 이
루며 허당지우 선사의 영
정 앞에 향불을 사르고 차
를 올리고 있었다. 일본
불교가 경산으로 옮겨온
느낌이었다. 그들은 저마

2009년 경산사에서 열린 국제선차문화연구고봉연토회에
한국대표로 초대한 저자에게 저장TV기자는 경산과
한국다연에 대해 인터뷰를 요청했다.

다 난포조묘가 허당으로부터 받아온 경산다연을 일본에 전한 은혜를 감사하고
있었다. 송나라 때 이루어진 경산사의 다법(茶法)에 후학들은 해마다 경산사를
찾아 찬탄하고 있었다.

난포조묘가 허당을 참문하고 그의 법을 전수받아 돌아간 뒤 일본다도의 기원
이 되었다. 허당은 경산사의 40대 조사로 속명은 지우이고, 허당은 그의 법명
이다. 남송시기 순희(淳熙) 20년(1185)에 태어났다. 임제종 16세로 중국선
종사에 한 획을 그었다. 글씨도 잘 써 족자를 걸어 차회를 연 연원이 허당으로
부터 시작되었다. 그의 법은 난포조묘 등에게 전해졌고 그 갈래는 고려로 이어
졌다. 고려 국왕이 그를 흠모했다는 이야기도 전해온다. 허당의 법맥은 당나
라시기 서당지장이 해동에 전한 것처럼 일본과 한국에서 더 빛났다.

일본의 《도후쿠지(東福寺) 청규(淸規)》가 제정된 것 또한 경산으로부터 비롯
되었다. 그래서 지금도 일본다도의 원류가 경산에서 시작되었다고 믿고 있다.
그래서 많은 일본 사람들이 경산으로 몰려간다고 할 수 있다.

경산다연이 한국에 있는가

경산사에서 고봉연토회가 시작되기 직전 중·일 다예교류가 펼쳐졌다. 그때였다. 중국 내에서 위상을 지켜본 저장TV 기자가 저자에게 인터뷰를 요청했다. 그 기자의 첫 번째 질문은 중국이나 일본에 사라진 경산다연이 한국에 있느냐 였다. 저자는 "경산다연의 흔적은 없으나 경산차의 맛과 향이 한국의 지리산 차밭과 일치한다"고 말하자 매우 놀라워했다. 지금 중국은 경산다연을 일본에서 찾으려는 사람이있다는 사실을 전면 재검토해야 한다는 시각으로 받아들였다. 그러나 화개차의 제다법이 일본 큐슈가 아니라 중국 경산으로부터 전해졌다는 주장이 제기된 뒤에도 국내에서는 이렇다 할 연구가 이루어지지 않았다.

하지만 일본은 경산사를 찾아 선조의 흔적을 온몸으로 느끼려 하는 모습을 보였다. 그들은 일본다도의 은인 허당지우의 부도 앞에 차를 올리고 무한한 감사를 드렸다. 그런 모습을 지켜보면서 중국 오백나한에 오른 무상과 지장보살의 화신으로 중국 안후이성(安徽省)의 구화산을 일으킨 지장 법사에 대한 추문과 은덕을 기리는 물결이 끊임없이 이어져야 한다고 생각했다. 대자사에 세워진 〈무상선사행적기념비〉는 한·중 불교를 더욱 돈독히 한 첫 사표였다고 여겨진다. 그런 점에서 무상 선사 영정 앞 경산다연에 모인 일본인처럼 우리도 앞을 다투어 대자사를 찾아 향을 사르고 차를 올려 선조의 위대한 자취를 되새겨 보자. 그래야만 조선인의 향기를 온몸으로 느낄 수 있을 것이다. 경산사에서 일본불교를 보니 해동불교를 전한 고승의 향기가 뜨겁게 느껴졌다.

혁신을 부르짖는 소리가 들려오는 듯

'혁신을 부르짖는 거친 목소리가 천하에 메아리친다.'

이 말은 일본 큐슈(九州) 대학의 아라키겐고(荒木見悟)의 《대혜서(大慧書)》의 머리글 첫 구절에 나온 말이다. 그의 말은 간화선(看話禪)을 대혜(大慧)가 지나온 험난한 가시밭길을 예견한 말인 듯하다.

대혜종고(大慧宗杲 · 1089~1163)가 묵조선(默照禪)과 차별화한 간화선을 들고 나옴으로써 남송시기의 선은 일대 파란을 불러일으켰다. 대혜는 양기방회(楊岐方會) ― 원오극근(圜悟克勤)으로 이어지는 양기파의 전통을 이어가면서 화두를 참구해 들어가는 화두선을 개창하기에 이르렀다. 대혜와 고봉의 선의 길을 이끌어 낸 청담문화재단 이사장 동광 스님은 "대혜의 선은 한국 선가의 등불처럼 활활 타올랐다"고 말했다.

남송시기는 조동종(曹洞宗)과 임제종(臨濟宗)이 절대적 우위를 차지한 시기였다. 그중 임제종 양기파의 눈부신 활약은 원오극근의 문하에서 대혜가 나와 많은 제자를 길러내면서 절정을 이뤘다. 졸암덕광(拙菴德光 · 1121~1203), 나암정수(懶菴鼎需 · 1092~1153), 개선도겸(開善道謙 · ?~?), 그 밖에도

여러 형태의 선답을 보여주는 수행자

주자학(朱子學)을 정립해낸 주희(朱熹, 朱子)가 대혜에게 직간접적으로 영향을 받았다. 남송시대 선의 중심인 저장(浙江)의 천목산(天目山), 하무산(霞霧山), 닝보(寧波)의 아육왕사(阿育王寺), 천동사(天童寺)를 중심으로 묵조와 간화선이 발전해 갔고 그런 정신적 뿌리가 오늘 한국불교의 조계종이라는 사실이 새삼스럽게 느껴졌다.

2008년 4월 고우 스님이 108 선종순례단을 이끌고 대혜의 자취를 찾은 것은 한국 땅에 《서장(書狀)》과 《선요(禪要)》를 전해준 조사의 은덕을 기리고자 하는 찾는 후학들의 염원이라고 말할 수 있겠다. 뒷날 원오극근 선사가 대혜에게 편지를 보냈다. 그 편지에는 이런 말이 전해 온다.

임제의 정통종지는 마조도일(馬祖道一), 황벽희운(黃檗希運)으로 이어졌다. 그로부터 많은 인물들이 나와 둥지를 틀면서 번개가 몰아치고 전진과 후퇴, 구속과 해방

가부좌를 틀고 좌선 중인 스님의 수행법은 달마 이후 지금까지 전해진다.

모두가 본분사로 말미암음이다.

그 뒤로 면면히 이어내려와 흥화(興化), 풍혈(風穴)에 이르자 목소리는 더욱 높아져 기틀이 한결같이 올라갔다

– 《원오어록》 권15

바로 범과 용을 마음대로 다룰 수 있는 것이 양기파의 특성이다. 원오극근의 선을 대혜에 이르러 대성시킴으로써 송대 선의 회오리바람을 불러일으키는 계기가 되었다.

대혜는 원오로부터 임제의 법맥을 이은 뒤 곧바로 경산(徑山)으로 간다. 경산에 천여 명이 모여 임제의 재흥을 일으켰다. 그러나 1141년 전쟁에 휘말려 형주(衡州, 湖南省)와 매주(梅州, 廣東省)로 유배가 되었다. 한참 뒤에야 유배에서 풀려나 닝보 명주(明州)의 아육왕사에 들어갔다. 대혜기행은 달밤에 이루어졌다. 몇 해 전 대혜가 주석했던 아육왕사에서 만난 방장 스님은 송나라 시기 아육왕사를 일으킨 실질적 선승은 대혜종고라는 말을 꺼냈다. 그

리고 아육왕사에 물이 없자 샘을 파 다시 물이 솟구치게 한 일 등 아육왕사와 대혜종고에 관한 또 다른 사실들을 하나씩 밝혔다. 그리고 중국선종의 중심은 간화선이라는 사실들을 하나씩 풀어냈다.

그때 이 스님이야말로 과거와 현재를 관통하는 선승이라는 사실을 깨달았다.

"스님은 모름지기 청빈을 근본으로 삼아야 해요. 그리고 지금 대혜를 말하는 사람들은 학자적 견해가 주류를 이루고 대혜시대 그의 선을 말하려는 사람들이 많지 않습니다. 더욱이 선생을 만나니 아육왕사가 주축이 되어 대혜의 선을 이 시대에 다시 선양하고 싶군요."

대혜 선사가 묵조선을 비판하고 나서자 조동종계는 반기를 들었다. 그러나 대혜는 조금도 흔들리지 않았다. 그리고 오조법연(五祖法演)과 원오극근으로 이어지는 공안선(公案禪, 看話禪)을 대성시키고 이른바 마조 이래 대기대용(大機大用)의 전통을 계승하기에 이른다. 대혜 간화선의 백미는 조거제(趙巨濟)와의 문답에서도 분명하게 드러난다.

대혜가 조거제에게 말한다.

"내가 죽은 뒤에 만일 다른 사람이 너에게 선을 가르쳐준다고 하면서 '이 공안은 어떻게 참구해야 하고 저 공안은 어떻게 깨쳐야 한다' 하거든 뜨거운 똥물을 퍼부어 주어라. 이 말을 꼭 기억하거라."

대혜가 간화선을 일으키고자 남달리 고민한 흔적이 역력했다. 《대혜서》를 보면 증시랑(曾侍郎)이 보낸 편지에 간화선의 요체가 드러난다. 증시랑은 이름이 개(開)씨로 자는 천원(天源), 시랑이란 관직을 지냈으며 대혜 선사에게 가르침을 받고 원오극근의 제자인 영은혜원(靈隱慧遠) 밑에서 깨달음을 얻었다.

대혜가 증시랑에게 말했다.

"나는 평소에 고요한 데서 좌선하고 공부하라고 시키지는 않습니다. 그러나 이는 병에 맞추어 약을 쓰는 것입니다. 황벽 화상께서는 이런 말씀을 했습니다.

우리 선종은 예로부터 전승해 온 이래 사람들에게 지해(知解)를 탐구시키지는 않았습니다. 도를 배운다는 것조차 남을 꾀는 말이라고 했습니다. 왜냐하면 도는 배우지 못하기 때문입니다. 일정한 장소가 없는 도는 대승의 마음을 일으키는 것입니다. 이 마음은 안에서도 중간에서도 없으므로 사실 자리가 없습니다."

간화선의 자취를 따라 만난 대혜의 선

대혜종고(大慧宗杲·1089~1163)와 고봉원묘(高峰原妙·1238~1295)는 간화선(看話禪) 수행의 양대 봉우리로 한국불교에 빼놓을 수 없는 인물이다. 이들을 통해 간화선이 체계화되었으며 대혜의 《서장(書狀)》과 고봉의 《선요(禪要)》가 조계종 강원의 교과과목으로 채택되어 오랫동안 한국불교를 떠받쳐왔다. 따라서 대혜와 고봉을 떠올릴 때 간화선이 트레이드마크처럼 각인된다. 이들을 통해 간화선의 등불을 면면히 밝혀왔다.

대혜가 활동한 남송(南宋) 말은 임제(臨濟)와 조동(曹洞)의 두 날개가 눈부신 발전을 이룬 시기다. 이 중에서도 임제종 양기파(陽氣派)의 발전은 눈부셨다. 특히 《벽암록(碧嚴錄)》을 저술한 원오극근(圜悟克勤) 문하에서 나온 대혜종고는 많은 제자들을 길러 내면서 일문(一門)을 이루었다. 그 문하에는 졸암덕광(拙庵德光), 나암정수(懶庵鼎需) 등 많은 제자가 있다. 대혜가 간화선의 맹주로 등장하면서 묵조선(默照禪)을 비판하고 나섰다. 그리고 오조법연(五祖法然)으로부터 원오극근으로 계승된 공안선을 대성하기에 이르렀다. 게다가 간화선을 들고 나와 조동종의 묵조선과 차별화를 이루면서 선의 절대적 자유를 누렸다. 특히 대혜의 뒤를 이어 150년 뒤에 고봉원묘가 나와 선의 불빛을 밝혀왔다. 또한 그 뒤를 이어 중봉명본(中峰明本)이 조사선을 만개시키기에 이르렀다. 대혜와 고봉이 이어온 선의 길을 따라 남송시대 주류를 이루었던 천목산(天目山), 경산(徑山), 아육왕사(阿育王寺) 등을 차례로 답사, 한국선종에 이들 선승이 어떤 영향을 끼쳤는지를 다각도로 살펴본다.

도선사 선덕인 동광 스님과 함께 간화선의 자취를 찾아 2009년 5월 15일 대혜의 길을 찾아 떠났다. 천 년 전 대혜가 걸었던 선의 길을 따라 서울에서 난징(南京)행 비행기에 올랐을 때 대혜의 《서장》이 머릿속에 떠나지 않았다. 남송시기를 살았던 대혜의 자취를 찾는 길은 무엇보다도 벅찬 감격의 순간이었다. 대혜가 묵조선을 배격했지만 묵조선의 맹주인 천동여정(天童如淨) 선사와의 교분은 다시 한 번 대혜의 정신세계를 뒤돌아보게 했다.

난징행 비행기에 오른 동광 스님은 1970년대 초 청담 스님께 득도한 뒤 강원에서 《서장》을 공부했던 기억이 어제 일처럼 떠오른다고 말했다. 또한 대혜의 자취를 찾아나서니 대혜가 증시랑의 편지를 읽고 보낸 답장이 더욱 새롭게 보인다고 말했다. 그중 대혜의 《서장》 대목이 올곧게 다가왔던 기억을 더듬어 보자.

"만약 순간순간 첫 결실을 바꾸지 않고 세상 번뇌와 연분을 맺을 자기 마음을 파악하여 반야 위에 올려 놓는다면 금생에서는 깨달음이 철저하지 않더라도 임종 때에 악업에 끌려 악로에 떨어지는 일은 절대로 없습니다. 반드시 반야 가운데서 있는 일로서 의심의 여지가 없습니다. 중생계 일은 배우지 않더라도 무시(無始) 이래로 잘 익숙해졌고 절차도 익숙해졌기 때문에 저절로 도달하게 될 길목에서 그 근원에 맞부딪히게 됩니다."

《서장》의 첫머리는 증시랑에게 보낸 답장으로 시작되고 있다.

저는 장사(長沙)에서 지낼 적에 원오(圓悟) 노스님 편지를 받는데 "당신은 뒤늦은 만학이면서, 그 터득한 진도는 매우 뛰어나며 번뜩인다"고 칭찬해 주셨습니다. 그래서 생각을 늘 떠올리는 가운데, 어느덧 8년이 흘렀습니다. 그 깨달음의 실마리를 직접 배우지 못하고 있음을 언제나 아쉽게 생각하면서, 한결같이 우러르는 마음 간절할 따름입니다.

저는 어려서부터 결심하여 선지식을 찾아뵙고 이 일을 물어보았습니다. 스무 살을 넘기고서부터는 가정과 관직에 얽매여, 공부에 전념하지 못하고, 우물쭈물하다가 오늘에 이르렀습니다. 나이는 늙었으나, 아직 아무 것도 배운 것 없어, 늘 부끄럽게 탄식할 뿐입니다. 그런데 뜻을 세워 염원을 일으키는 것은 절대로 얕은 지식·견해에서가 아닙니다. 생각컨대 깨닫지 못하면 그뿐이겠지만, 깨달을 바에야 모름지기 옛 사람이 깨달았던 경지까지 이름으로써 비로소 더없이 안락한 경지가 되기를 바라서 입니다. 제 마음은 한 순간이라도 꺾인 일이 없지만, 공부가 결국 한결같지 않다고 봅니다. 소원은 크나 힘은 작다고나 해야겠지요.

비행기 창 사이로 밖을 내다보니 구름이 뭉게뭉게 피어나더니 이내 사라졌다. 대혜 선의 길은 순풍에 돛단 듯 시작되었다.

520년경 석가로부터 서천(西天, 天竺) 28조 법맥을 이어받은 달마가 남인도를 출발한 지 3년 만에 중국의 광저우(廣州)에 와 닿는다. 그를 광저우 자사 소앙(蕭昂)이 알아보고 왕궁으로 모셔온 뒤 양무제와 맞닥뜨린다. 그러나 서로의 뜻이 계합되지 않아 무제와 결별한 달마가 위나라로 들어가기 직전 머문 곳이 막부산(幕府山)이었다. 달마동굴은 중국 장쑤성(江蘇省) 난징(南京) 서북쪽에 막부산(幕府山), 그 산봉우리 아래 달마동(達摩洞)이 있다. 1,500년이 지난 지금도 그대로 남아있다. 동굴 앞에서 물결 위로 떠가는 뱃길을 바라보며 때를 기다렸던 달마였다. 1,500년 전 달마 홀로 벽관 수행을 했지만 지금은 그 자리에 부처를 모시고 후이옌 스님이 홀로 수행하고 있다. 그가 세상에 나와 처음 선의 불빛을 밝힌 사상의 물줄기는 이입사행론(二入四行論)이다.

이입(理入)은 경전에 의해 대의를 아는 것이고 행입(行入)은 네 가지 생활지침으로 보원행(報怨行), 수연행(隨緣行), 무소구행(無所求行), 칭법행(稱法行) 등 육바라밀을 실천함을 말한다. 달마가 중국으로 건너온 뒤《능가경》 수행을 통해 선이 시작되었다. 그의 뒤를 이어 혜가 - 승찬 - 도신 - 홍신을 거쳐 6조 혜능에 의해 선이 만개했다. 그리고 마조가 나와 선의 불빛을 밝혔다.

달마가 뿌린 선의 씨앗은 남송시기 대혜종고가 간화선을 제창하면서 대성하기에 이른다. 마조 이래 대기대용의 전통을 계승한 임제종 양기파는 눈부신 발전을 이루었다. 대혜의 간화선은 달마의 능가선을 계승 · 발전시켰다. 원오극근 문하에서 나온 대혜의 간화선은 선의 질서를 회복해갔다. 달마가 뿌린 선의 씨앗은 눈부신 변혁을 가져왔고 남송(南宋) 이후 간화선은 오조법연으로부터 원오극근에게 계승된 공안선을 대혜종고가 대성시켰다. 대혜의 간화선이 조동종을 누르고 선의 주류가 되면서 고려에까지 그 위력을 떨쳤다.

묵조선을 배격하고 간화선 수행의 지침서인《서장》은 오랫동안 조계종 강원의 교재로 중요한 위치를 차지하고 있다. 때문에 대혜종고는 한국선종에 중요한 인물이다. 그의 자취를 찾는 것은 그만큼 중요하다고 볼 수 있다.

화두로 진리를 꿰뚫다

화두로 참구해 깨달음에 이르는 불교수행법인 간화선은 남송시기 저장성을 중심으로 활약한 대혜종고가 주장했고 고봉원묘 선사가 만개시켰다. 저자는 중국이 공산화되면서 대혜나 고봉이 주장한 간화선 수행법이 중국 땅에 어떤 방식으로 계승되어 왔는지 궁금했다. 현재 전해지는 간화선은 한국불교가 유일하게 명맥을 이어왔다고 여겨졌다. 그런 의미에서 남송시기 간화선을 만개시킨 천목산, 경산, 저장성 곳곳에 조사의 흔적을 찾는 것은 무엇보다 중요하다고 하겠다.

2007년 3월 조계종 중앙신도회 부설 인재개발원이 발기한 중국 간화선 선적지 순례단은 저장성과 장쑤성(江蘇省) 등 선종사찰을 탐방한 바 있다. 태백산 금봉암의 고우 스님과 대강백 무비 스님 등 108명이 순례길에 올랐다. 버스 안에서 고우 스님은 "우리가 선을 공부하는 목적은 본래 부처자리인 공을 깨달아 향상되고 좋은 날이 이어지는 행복을 찾는 것"이라며 "바깥에서 찾는 행복을 버림으로써 부처가 발견한 진정한 행복의 세계가 어떤 것인지 간절하게 느끼는 순례"라고 첫 일성을 뱉었다. 간화선찰을 탐방한 순례단은 어떤 깨달음을 이루었는지 궁금해진다.

저자는 아육왕사를 찾았을 때 지에위엔(界源) 방장으로부터 "송대 대혜가 이룩한 간화선이 아육왕사에서 활짝 열

천목산 가는 길

불면석을 바라보는 동광 스님

매를 맺었다"는 일화를 듣고 매우 놀라웠다. 한국 선가에서는 중국이 공산화되면서 선종이 소멸되었다고 믿고 있는데 아육왕사 방장으로부터 듣는 깨달음의 말씀은 청천벽력 같이 우리를 또 한 번 놀라게 했다.

특히 지에위엔 스님은 "학자들이 제각각 자신의 견처로 대혜를 보는 시각은 잘못된 것"이라고 지적했다. "대혜의 선은 대혜의 언어로 이해해야만 대혜가 말한 간화선을 이해할 것"이라고 말씀했다. 그 말씀에 대혜의 자취를 공동으로 연구하자고 제안했다. 2008년 7월간화선 기행을 시작으로 기축년(2009) 새해가 되어서야 비로소 대혜와 고봉의 선의 길이 열렸다.

죽음의 관문에서 한 걸음 더 나아가다

대혜가 간화선을 정립한 150년 뒤에 고봉원묘가 세상에 나온다. 고봉은 중봉명본과 함께 간화선을 꽃피우는 데 앞장섰다. 고봉이 구도를 했던 사관은 천목산 해발 1,500m 정상이었다. 원묘는 쑤저우(蘇州) 오강(吳江)사람으로 속성은 서씨이고 호는 고봉으로 고봉고불이라 불리며 사람들에게 존경을 받아왔다. 15세에 출가하여 17세에 구족계를 받았다. 22세에 묘륜청익(妙倫請益) 선사에게 배우다가 설암조흠에게 법인을 얻는다. 고봉은 원나라 지원(至元) 16년(1279) 항저우(杭州) 천목산 서봉 사자암에 작은 암자를 짓고 이름을 사관(死關)이라고 했다. 그리고 15년 동안 밖을 나온 적이 없다고 한다.

고봉은 죽음과 직면하던 어느 날 대자주인(大自主人)이 되었다. 사관 옆에 지어진 사자구(獅子口)에 '죽어야만 산사람을 볼 수 있다'는 고봉의 사자후가 쓰여 있다. 고봉이 얼마나 처절하리만큼 고행 했는지를 가리키는 말이다.

저자가 10여 차례에 걸쳐 천목산을 찾으면서, 그 때마다 새로움과 경이로움을 느꼈다. 이번은 〈태고보우헌창기념비〉 제막식이 끝난 뒤 서둘러서 천목산을 찾았다. 이번 탐사는 대혜와 고봉의 간화선의 흔적을 찾는 기행이었다. 고봉이 걸망 하나를 짊어지고 천목산 서봉에 이르렀던 길을 따라 내려갔다. 그 길은 선원사(禪源寺)와 연결되어 있었다. 길을 따라 내려가다가 문득 붉게 물든 낙엽 한 잎을 발견했다. 낙엽 한 잎을 보니 고봉이 고행을 통해 간화선을 열었던 진경(珍景)이 펼쳐지는 것 같았다.

고봉 평전

高峰

高峰原妙禪師

고봉원묘선사는 대혜가 일으킨 공안선을 150년만에 만개시킨 선승으로 임제 종 양기파를 임제로부터 설암조흠, 고봉원묘, 중봉명본으로 그 맥이 이어졌다. 고봉은 천목산 사관(死關)에 방을 걸고 천길이나되는 깎아지른 절벽위에서 생 사를 초월하는 고행끝에 깨달았다. 그를 통해 대혜가 일으킨 간화선의 시대 가 열렸다. 고봉은 한국선종사에도 영향을 끼쳐 '선요'는 강원의 학인들에게 널리 읽히고 있다.

한국선불교에 영향을 끼친 고봉원묘의 자취를 따라가면서 한국선의 진면목을 발견케 되었다.

개산노전에 이르니
고봉의 사자후 소리 들리는 듯

　대혜(大慧)가 열반에 든지 150년 만에 고봉원묘(高峰原妙 · 1238~1295)
가 나타나 대혜의 공안선을 만개시켰다. 이른바 조사선이란 오조법연(五祖法
演)과 원오극근(圓悟克勤)에서 싹이 트고 대혜종고가 일으킨 화두선을 말한
다. 대혜가 일으킨 화두선의 자취를 좇아 천목산(天目山)을 찾은 것은 2009년
5월 18일 이었다. 대혜 사후 846년 만 이요, 고봉이 간화선을 만개시킨 714
년 만이었다. 천목산을 찾은 동광 스님은 '구법의 일념으로 천목산에 이르렀다'
고 피력했다.

　대혜의 《서장(書狀)》과 고봉의 《선요(禪要)》는 조계종의 강원교재가 되면서
한국선종의 준봉으로 다가왔다. 대혜의 《서장》과 《고봉어록》이 선가에 널리
유포되면서 맨 먼저 이를 주목한 이는 벽송지엄(碧松智嚴) 선사였다. 벽송지엄
은 대혜와 고봉의 어록을 통해 깨우쳤다.

　《벽송당대사행적(碧松堂大師行蹟)》에 따르면 '무진년 가을 벽송지엄 대사께
서 금강산 묘길상에 들어가 《대혜어록》을 보다가 '개는 불성(佛性)이 없다'는
화두에 의심을 품은지 오래 지나지 않아 칠통을 깨우쳤다. 또한 《고봉어록》을

보다가 '다른 세상으로 날려 버려야 한다'는 말에 이르러 이전의 견해를 한꺼번에 떨쳤다. 대사께서 평생 참구했던 선의 종지는 대혜와 고봉의 선풍이다.

대혜 선사는 6조(六祖)의 17대 적손이고 고봉 화상은 임제의 18대 적손으로 '대사는 바다 밖(중국)에 있는 사람으로서 500년 전의 선풍과 종지를 이어받았으니 이는 유교나 불교가 도를 전함에 시공을 초월하여 이어짐과 같았다'고 하였다.

벽송지엄 이전에 이미 태고보우(太古普愚) 국사에 의해 석옥청공(石屋淸珙) 선사로부터 임제의 선법이 고려로 들어온 터였다. 자연히 고려 이후 불교계는 중국선종의 법맥을 이으려는 움직임이 일어났다. 오늘날 고봉의 《선요》와 대혜의 《서장》이 조계종 강원교재가 된 것 또한 우연은 아닐 것이다.

벽송지엄의 법계는 휴정으로 이어지고 있다. 그 원류를 좇다보면, 석옥청공과 태고보우로 이어진다. 임제선의 유풍이 고려와 조선으로 이어져 왔음이 여러 사료에서 밝혀졌다.

임제선의 법맥이 남방에서 흥성케 된 것은 설암조흠(雪巖祖欽), 고봉원묘, 호구소륭(虎丘紹隆·1077~1136)을 거쳐 밀암함걸(密庵咸傑) 아래로 파암조선(破庵祖先·1136~1211)에게 전해진 데 연유한다.

임제선맥은 파암조선(破庵祖先) 때 창성하여 원대 이후 임제종의 대표 계파로 성장했다. 그 중심에는 대혜가 있다. 의단(疑團)을 일으켜 깨달음에 이르는 간화선이 한국에 전해져 오늘까지 이어졌다. 저장성(浙江省) 천목산(天目山)은 온통 파암파(破庵派)의 일맥일지로 연결되는 듯 하다. 파암은 원래 임제종(臨濟宗)의 법맥을 잇는 계통으로 임제의현(臨濟義玄)으로부터 설암조흠(雪巖祖欽) – 고봉원묘(高峰原妙) – 호구소륭(虎丘紹隆) – 천동함걸(天童咸傑) – 파암조선(破庵祖先·?~1211)으로 이어지는 선계다.

그중 호구소륭에 주목하는 까닭은 호구소륭으로부터 임제의 선법을 이은 석

강남고불로 추앙받고 있는 고봉원묘, 중봉명본, 단애요의의 좌상이 모셔진 천목산 개산노전

옥청공(石屋淸珙)이 나왔고, 그 다음으로 태고보우(太古普愚)가 임제의 선법을 이어 해동에 선을 전파했기 때문이다. 그렇게 보면 임제의 선법이 천목산(天目山)과 하무산(霞霧山)에서 고려에 전파된 까닭을 주목하지 않을 수 없다.

　여기서 간화선을 완성한 대혜종고(大慧宗杲) 사상은 파암조선을 거쳐 설암조흠의 눈부신 활약으로 고봉원묘 – 중봉명본(中峰明本)을 거쳐 천암원장(千巖元長·1284~1357), 천여유칙(天如惟則·?~1354)으로 계승·발전되어 갔다. 원묘 이후에는 중봉명본(中峰明本)이 나와 강남고불로 불리면서 후대까지 간화선의 명맥을 이어갔다. 모두가 설암조흠(雪巖祖欽)파로 그 뒤 고봉과 급암종신이 임제선을 부흥시켰다.

176

설암조흠의 선맥은 두 갈래인데 하나는 고봉원묘로 이어졌고, 다른 하나는 급암종신(及菴宗信)으로 이어졌다. 급암종신은 한국선종에 지대한 영향을 끼친 석옥청공의 선계로 태고보우가 석옥청공으로부터 인가 받고 돌아와 고려에 임제선을 전했다.

'단박에 깨친다'는 묵조선을 대혜가 묵조사선이라고 비판하면서 발화시킨 간화선은 고봉원묘를 거쳐 고려와 조선으로 이어지면서 한국선종은 커다란 전기를 맞이했다.

천목산에는 사관에 이르는 중간 중간 중봉명본의 자취가 남아있다. 이를 살펴보건대 천목산은 송대 간화선의 중심지였으며 오늘날 중국선이 뜨겁게 타오르는 핵심지가 아닐까 생각된다. 특히 고봉의 《선요》는 대혜의 《서장》과 함께 한국선의 주요 성전이기도 하다. 지금도 사찰을 갈 때마다 많은 사람이 향불을 켜고 기원을 한다. 이처럼 저장성을 중심으로 한 중국선의 불길은 뜨겁게 타오르고 있다. 이는 중국이 공산화된 이후에도 대혜의 선이 면면히 이어지고 있다는 증거다. 그 중심에 중봉명본, 고봉원묘, 대혜종고가 있었다. 그 아래로는 하무산을 중심으로 설

개산노전을 찾은 순례 인파

高峰古佛

高峰原妙（1238－1295），俗姓徐，江蘇吳江人。元代著名高僧，1279年至西天目山獅子巖，誓「苑吾，立杖三十年不下山，靜修善行，生斷万縁。道風名聞天下。元成宗帝賜号為「佛日普明广済禅师」。有《高峰語录》传世。

고불로 추앙받은 고봉 화상

암조흠의 법맥을 이어간 석옥청공이 있으니 그는 고려 말 태고보우에게 선법을 전하여 한국 임제선의 불빛을 밝혔다.

천 년 전 염관제안 선사가 범일 국사를 지칭한 '동방의 대보살'이란 칭호를 태고가 이어받아 간화선의 법통을 계승하여 한국선불교의 불빛을 밝혀온 이래, 중국과 한국의 선맥은 도도한 물결처럼 흐르고 있다.

죽음의 관문을 지나 깨달음으로

고봉 사후 714년 만에 천목산을 찾은 조계의 후학들은 대혜의 자취를 살피고 곧바로 천목산에 이르렀다. 천목산은 고봉이 죽음을 불사한 고행을 했던 곳으로 그 때문에 많은 후학이 이곳을 찾는다.

저장성 항저우 북쪽 임안(臨安)에 자리한 천목산은 고봉 선사의 치열한 구도 현장이기도 하다. 고봉이 수행했던 천목산 사관은 천목산의 1,500m 정상에 있다. 일곱 산의 물줄기가 하나로 흐르는 곳에 천지가 솟아났다는 천목산은 시인 묵객들이 즐겨찾던 곳이며 하늘의 별빛을 아로새긴 천목다완의 고향으로 명성을 얻기도 했다. 고봉원묘가 수행했던 개산노전과 사관은 동천목산 아래에 있다.

　일행은 차로 1시간 만에 천목산 들머리에서 산 정상에 이르렀다. 정상 부근에 고봉이 맨 처음 수행했던 개산노전(開山老殿)이 있다. 1999년 이후 모두 열 차례에 걸쳐 천목산을 찾았는데 몇 해 전까지만 해도 고봉사관은 폐허나 다름없었다. 그러나 중국의 불교 정책에 힘입어 개산노전을 복구하면서 박물관 형태로 새 단장을 했다. 개산노전에 이르니 고봉의 금동좌상 좌우로 제자인 중봉명본과 단애요의(斷崖了義) 좌상이 나란히 모셔져 있었다. 선사의 발우와 가사, 중봉 선사가 고려 심왕(沈王)에게 하사했던 가사가 유물로 보존되고 있었다. 개산노전은 고봉이 처음으로 천목산에 머물렀던 곳이며, 사관이란 고봉이 암자를 짓고 개산노전에서 후학을 가르쳤던 곳임을 의미한다.

고봉사관에서
대혜가 고행하는
모습. 사자의
포효에도 조금도
흔들림이 없다

동광 스님은 개산노전에 이르러 고봉의 금동좌상 앞에서 합장하였다. 순간 고봉의 송이 떠올랐다.

30년 동안 꿈속에 살다가
생애가 다하여 행적이 끊어졌네
부끄러워라 복사꽃 한 번 본 후에도
여전히 하늘 가득 검은 바람 휘몰아쳐
오는구나.

고봉이 현사사비 선사와 주고 받은 문답이었다.

1999년 처음 천목산을 찾았을 때 〈천목산과 고봉 선사〉라는 글을 〈불교춘추〉(1999. 4)에 발표했다. 당시를 회상하는 의미에서 기행문을 살펴본다.

중국선종은 송대 이후 쇠퇴기를 맞았다. 그나마 명맥을 지켜온 것이 임제종이었다. 임제종은 크게 양기파와 황룡파로 나눌 수 있는데 한국선종은 임제종 양기파에 해당된다. 양기파도 크게 쑤저우의 호구산 호구사를 중심으로 한 호구소룽에서 석옥청공으로 이어지는 한 줄기와 설암조흠에서 고봉원묘로 이어지는 한 줄기, 즉 두 갈래의 법맥이 있었다.

중국에서 사라진 선이 한국 땅에 꽃피운 것은 귀한 인연이 아닐 수 없다. 이조영 씨는 중국선종의 마지막 조사로 높이 추앙받아 온 고봉원묘 선사를 "중국선의 정신적 지주로 높이 받들고 있다"고 말했다.

천목산을 주목한 까닭은 한국 근세 선계의 거봉인 경허 선사의 선의 원류를 찾아가다 보면 만나는 곳이 바로 청허당 서산 대사이기 때문이다.

그 원류를 크게 석옥 – 태고 – 환암혼수 – 벽송지엄 – 서산으로 이어지는 선맥과, 고봉원묘 – 벽송지엄으로 이어지는 선맥으로 나눌 수 있다. 이런 경우 스승을 흠모하여 스승으로 원사를 정하는 경우인데 벽송은 후자에 해당되며, 선맥은 석옥과 태고로 이어져 있으나 마음의 스승은 고봉원묘임을 범해각안 선사가 지은 《동사열전》에 분명히 밝히고 있다.

고봉은 임제의 18대 적손인데 석옥과는 형제지간이다. 벽송은 비록 책으로만 고봉을 접해 보았지만 《고봉록》을 보다가 '양재타방(R在他方)'이라는 구절에 이르러 견성을 체험하기에 이른다.

벽송이 《대혜어록》을 읽다가 나름대로 견처를 얻었으나 돈오의 경지를 맛본 것은 《고봉록》임을 범해의 〈벽송선사전〉에서 증언한 바 있다.

조계종정을 역임한 성철(1912~1993) 스님이 고봉 선사의 수제자인 중봉명본 스님의 어록을 자주 설파한 것으로 보아 중봉의 사상이 한국선종사에 미친 영향이 지대했음을 알 수 있다.

고봉의 가르침이 널리 퍼지자 고봉은 결제일에 대중에게 다음과 같이 말하였다.

"주장자를 봉해 버리고 바랑끈을 묶어 버리고 철위산(鐵圍山)게 갇혀 있으면서 칼(枷) 위에 거듭 수갑(杻)을 더 채우고 유(有)에서 무를 살피어 내고 무에서 유를 살피니 내어 쓰라린 고통이 백천 가리로 많더라도 이 소굴을 여의지 않았다. 대중들이여! 말해보라. 무엇을 불러 소굴이라 하는가? 설령 분명하게 밝혀내더라도 서봉의 저쪽, 다시 저쪽에서 사람을 위함과 위하지 않는 일착자(一着子)를 보려면 아직 30년을 기다려야 되리라."

그믐달에 소참(小參) 법문을 살펴보자.

　생사의 일이 크고 무상함이 빠르다. 태어났으나 어디서 온 줄 모르는 것을 태어남(生)의 큰 일이라 하고, 죽어서 가되 어디로 가는 줄 모르는 것을 죽음의 큰 일이라 한다. 다만 이 생사의 일대사가 참선하고 도를 배우는 목구멍이며 성불하고 조사가 되는 기관이다. 삼세 여래와 항하의 모래알처럼 많은 부처님들이 천만 번 변화하여 세간에 오신 것도 대개 이 생사 일대사의 본원(本源) 때문이었으며, 서역에 28조사들과 중국(唐土)의 6조사와 나아가서는 천하에 노화상들이 나고 죽고 거두고 펴고 하면서 역행(逆行) 순행(順行)으로 교화하신 것도 이 일대사의 본원 때문이었으며 제방(諸方)의 선객들이 괴로움을 꺼리지 않고 20년, 30년 동안 풀을 헤치고 바람을 맞으며 잠방이를 깔아뭉개고 바지를 비비며 정진한 것도 이 일대사의 본원 때문이었으며, 그대들이 발심하여 출가하고 발심하여 행각(行脚)하며, 발심하여 고봉을 와서 보고 낮으로 세 차례씩 밤으로 세 차례씩 눈썹을 겨루는 것도 이 일대사의 본원 때문이다. 사생(四生) 육도(六途) 중생들이 천겁 만겁에 머리를 바꾸고 얼굴을 바꿔 가면서 쓰라린 고통을 받는 것도 이 일대사의 본원을 미혹했기 때문이다.

대혜가 일으킨 간화선을
만개시킨 고봉은 누구인가

　　고봉원묘는 쑤저우(蘇州) 오강(吳江)사람으로서 속성은 서씨(徐氏)이고 호는
고봉이다. 15세에 출가하여 18세 때 천태지관을 공부했다. 그러나 천태학이
도무지 와 닿지 않아 항저우의 정자사(淨慈寺)로 들어가 사한(死限)을 세우고
참선에 몰두할 적에 자리에 허리를 붙이지 않고, 음식을 먹되 맛을 모를 정도
로 수행했다. 그때 단교묘륜(斷橋妙倫) 선사를 친견하니 '날 때 어디서 왔으며
죽으면 어디로 가는가'라는 화두를 참구했다.

　　그 뒤 설암조흠 선사를 친견하여 '구자무불성(狗子無佛性)' 화두를 참구한 후
'만법은 하나로 돌아가는데 그 하나는 어디로 돌아가는가(生從何來死從何去)'
라는 화두를 의심하다가 쌍경사의 오조진찬을 보고 비로소 의심을 풀었다.

　　설암조흠 선사가 북간탑에 주석하고 있다는 말을 듣고 향을 들고 선사를 찾
아가 묻자 선사는 몽둥이로 쫓아내었다. 다시 찾아가 불법을 묻자 무자(無字)
화두를 참구하라고 일렀다. 고봉은 무자 화두를 의심없이 참구했다.

　　고봉은 조흠 선사가 남명사(南明寺)로 옮기자 곧장 스승을 따라 쌍경사(雙徑
寺)로 올라가 선당(禪堂)에 참여한 지 보름 만에 우연히 꿈속에서 단교묘륜 선

1990년대 말 필자가 천목산 고봉사관을 찾아갔을 때에는
사관은 폐허로 남겨졌고 사관안에는 고봉묘탑만 남아있었다.

사에게서 들었던 '만법이 하나로 돌아가니 하나는 어디로 돌아가는가(萬法歸
一, 一歸何處)'라는 화두가 문득 생각나서 의심덩이가 단박에 일어났다. 이로
부터 3일 동안 밤낮으로 눈을 붙이지 않았는데, 어느 날 소림기일(小林忌日)에
대중스님을 따라서 삼탑(三塔)에 나아가 풍경(諷經:讀經)할 즈음에 머리를 들
어 문득 오조법연(五祖法演) 선사의 영정에 붙인 찬(讚)에 이르기를,

184

1백년 3만 6천일을

반복하는 것이 원래 이놈이다

百年三萬六千日

返覆元來是遮漢

　라는 구절을 보고서, 갑자기 '이 죽은 송장을 끌고 다니는 것이 무엇이냐(拖
死屍句)'라는 화두의 의심을 타파하였다. 그 때 선사의 나이 24세였다. 어느
날 조흠 선사는 예전에 물었던 화두를 다시 물었다. 선사가 '억!' 하고 주장자를
들자 고봉은 스승의 주장자를 붙들고 말하길, "오늘은 저를 때리지 못할 것입
니다" 하고는 곧장 밖으로 나가버렸다.

　이튿날 아침 조흠 선사가 다시 '만법귀일'의 화두를 묻기에 "개가 뜨거운 기름
솥을 핥는다"라고 답했다. 이어 "너는 어디에서 이 헛된 것을 배웠느냐" 하니
고봉이 "선사께서 의심할만 합니다"라고 말을 맺었다. 고봉의 선기를 인가하고
조흠 선사께서 복록하시길 "오늘부터 너는 부처를 배운다거나 법을 배울 것이
없으며 또한 너는 옛것을 궁구할 것도 없고 피곤하면 잠을 자고 자다가 깨어나
면 곧 정신을 차리고 내 이 한결같이 깨어있는 주인공이 필경 어느 곳에 안신
입명(安身立命)하는고 하라" 하였다. 그 후 고봉을 당할 사람이 없었다.

　천목산을 중심으로 활약한 원묘는 1백여 명의 제자를 두었는데 그중 으뜸은
중봉명본이다. 그의 부도는 무덤 형태로 개산노전 아래에 있는데 당시 원묘일
파가 임제선을 얼마나 전략했는지 알 것 같았다. 원묘가 고봉고불로 불리듯 중
봉명본은 강남의 고불로 불렸다.

　이처럼 대혜가 일으킨 간화선은 고봉원묘와 중봉명본을 통해 만세토록 빛나
게 되었다.

고봉사관에서 바라본 천목산

죽어야만 산 사람을 볼 수 있다는
생사를 초월한 사관死關

고봉선사가 수행했던 사관에는 고봉좌상을 모시고 있다

대혜(大慧)가 일으킨 간화선(看話禪)이 뿌리내리기까지 150년이란 세월이
흘렀다. 고봉원묘가 천목산 사관(死關)에 들어가 15년간의 구도 끝에 만개한
간화선은 강물처럼 흘러갔다.

고봉의 치열한 구도현장이 바로 천목산이다. 고봉이 간화선을 만개시킨 지 700여 년 만에 천목산을 찾은 동광 스님은 "고봉 선사가 치열한 구도일념으로 정진했던 사관에 와보니 한없는 존경심이 우러난다"고 하였다.

부처의 얼굴을 닮은 불면암(佛面岩), 고봉을 대하는 듯

고봉고불(高峰古佛)로 불렸던 고봉원묘의 자취를 쫓아 이른 곳은 천목산 개산노전(開山老殿). 개산노전은 고봉 선사가 맨 처음 선법을 펼쳤던 곳이다. 고봉은 몰려오는 대중을 뿌리치고 고봉사관으로 들어가 때를 기다렸다. 마치 달마가 달마동에서 때를 기다린 것처럼 불비불명(不飛不鳴) 했던 고봉을 주목한 까닭은 그가 한국선종과 밀접한 관련이 있기 때문이었다.

그는 호구소륭의 일맥으로 설암조흠, 도장급암을 거쳐 석옥청공으로 이어지는 임제(臨濟)의 정통맥으로 한국선종에 지대한 영향을 미쳤다. 그런 연고로 대혜어록과 고봉《선요》가 한국 선가의 지침서가 되었던 것 같다. 이런저런 역사적 배경을 살피는 동안 일행을 태운 차는 어느새 천목산에 이르렀다.

고도 1,000m 지점에 이르니 고봉 선사가 처음으로 산문을 열었던 개산노전이 나타났다. 1990년 말까지만 해도 다관으로 쓰이다가 한국인의 발길이 이어지면서 저장성 임안현 인민정부가 절의 수복에 나섰고, 지금은 고봉의 금동좌상과 중봉단애(中峰斷崖) 스님의 좌상을 모셨다. 1319년 고려의 심왕(沈王)이 중봉 스님에게 하사한 가사가 있어 한국의 체취가 물씬 풍기는 것 같았다.

고봉 선사께서 원(元) 지원(至元) 16년(1279)에 이르러 항저우(杭州) 천목산 서봉 아래 개산노전에 머물면서 산문을 열고 대중을 제접하기 시작했다. 그러나 사람들이 몰려오자 사관으로 숨어버렸다. 그곳에 거처하면서 15년 동안 속세와 단절했다.

1998년 처음 천목산을 찾았을 때 사관은 텅 비어 있었다. 천목산까지 불었던 문화혁명의 회오리바람을 실감할 수 있었다. 먼저 1999년 1월 천목산 탐

방기를 보자.

1999년 1월 22일 천목산에서 차실을 운영하는 보살의 안내로 서봉 아래에 있는 사자암터를 확인하면서 고봉 선사가 선차뿐 아니라 천목다완이 일본으로 건너가 명품이 된 사실이 드러났다.

아름드리 나무가 빽빽한 서봉 가는 길은 중간쯤 가다보면 나무왕수가 우뚝 서서 지나는 이의 발길을 멈추게 한다. 그 길을 따라 약 30분 정도 오르니 고봉 선사가 오도한 사자암이 나왔고 주변에는 수많은 야생 차나무가 자라고 있었다. 그곳에서 약 5m 더 오르자 거대한 낙락

고봉사관 가는 길

장송 아래 고봉 선사가 바리때를 씻은 척발지가 나왔다.

부처의 얼굴을 닮은 불면암

고봉의 치열한 구도현장인 사관은 고봉탑원이 자리하고 있었다. 고봉탑원은 몇 년 전 고봉좌상을 모셨다. 고봉탑원에 이르러 고봉 스님께 참배를 한 뒤 사관을 살피다가 동광스님이 "기암괴석 중 부처의 모습을 닮은 불면암을 보고 고봉의 정신세계를 엿볼 수 있다"고 말씀했다. 고봉 선사가 서봉에 수행하고 있을 때, 제자 법승(法昇) 선사가 뒤따라 그곳에 이르러 띠풀을 엮고 지붕을 이어 작은 암자를 만들었는데 얼마 안되어 많은 문도들이 모여들었다. 그러자 고봉 선사는 사자암 서편의 바위굴에다가 작은 암자를 짓고, '사관'이란 방을 내붙이

사관에서 바라본 불면암

고 문도들의 시중도 받지 아니하면서 수행했다. 머리도 깎지 아니하고, 몸도 씻지 아니하며 이틀 동안 한 끼 밥만 먹고 살아갔다.

그 동굴은 나무 사다리가 없으면 오를 수 없는데 사다리를 치워 모든 인연을 멀리 하였던 곳이다. 저자가 10여 년 전 부안에 있는 부사의 방을 탐방한 적이 있다. 부사의 방에 나무 사다리를 타고 내려가 보았는데 나무 사다리를 치우면 굴 위로 올라갈 수 없었다. 마치 부사의 방을 연상케하는 사관이 천목산 서봉에 자리잡고 있었다.

고봉이 천길 벼랑 끝에 바위를 의지하며 15년간 수행 했던 사관은 예나 지금이나 변함없었다. 고봉의 애제자 중봉은 스승의 수행 정신세계를 다음과 같이 말하였다.

"천목산이 높다고 하나 고봉의 높이를 넘지 못했고 지옥의 관문이 험하다고 하나 사관의 험준함에 비교할 수 없네."

고봉사관에 이르면 부처의 얼굴을 닮은 바위인 불면암에 이른다. 고봉사관과 마주보고 있는 이 불면암은 고봉 선사가 15년간 수행정진하며 날마다 보던 바위이다. 행장에는 '1279년 고봉 선사가 천목산 사자암에 들어와 스스로 철조망에 사관이라 붙이고 수행했다'고 적고 있다.

고봉 선사는 이곳에서 57세의 나이로 입적하였다.

내가 왔어도 사관에 들어오지 않았었고 가도 사관을 벗어나지 않았도다. 쇠뱀이 바다를 품고 들어가 수미산을 쳐서 무너뜨렸다.

이것이 고봉이 평생을 이끌고 다녔던 열반송이었다. 그리고 선사의 유언에 따라 사관에 안장됐다. 1990년 말 처음 사관을 찾았을 때 사관 안에는 고봉탑

2000년 까지만해도 고봉선사가 수행했던 사관에는 고봉묘탑이 덩그렇게 남아있다.
지금은 고봉좌상을 모시고 있다.

원이란 탑지석만 남아 있었고 지금은 그 탑지석이 사관 밖을 지키고 있다. 몇 년 전부터 고봉사관을 찾는 이가 많아지면서 고봉탑원 안에 고봉 선사의 좌상을 모시고 있다.

'처처가 부처와 처처가 불상'이란 말을 불면석을 보고 실감했다. 와불과 불면석이 고봉의 정신세계를 보여주는 듯 했다.

동광 스님은 부처의 얼굴을 보면서 마조의 마지막 열반송인 '해님 얼굴, 달님 얼굴'이 생각난다고 말씀했다.

간화선을 만개시킨 고봉사관

고봉의 치열한 구도 현장인 고봉사관은 천목산 개산노전 아래에 있다. 천목산은 대혜의 후학 고봉과 중봉의 자취가 서려 있으며 남송 이후 임제종 양기파가 불꽃처럼 일어난 곳임을 지금도 실감할 수 있다.

고봉의 자취를 따라 사관에 이르니 선원사가 바로 연결되어 있다. 고봉이 수행했던 사관에는 고봉의 묘탑을 모셨다. 그래서 지금도 고봉탑원이라고 부른다. 그 자리에는 지금도 고봉금동좌상이 모셔져 있다.

10년 전 필자가 처음 고봉사관에 이르렀을 때는 텅 빈 묘탑뿐이었다. 당시 탑원 안에는 고봉탑원의 머릿돌만 덩그러니 있었는데 지금 그 머릿돌은 탑원 밖으로 조성하고 그 자리에는 고봉좌상을 새로 모셨다.

고봉탑원은 고봉 스님이 열반에 든 뒤 유언에 따라 사관에 선사의 전신을 모신 부도탑을 세운 것이다. 그 부도탑은 문화혁명 당시 파괴되어 자취를 감춰버렸다.

그러나 고봉의 자취를 좇는 후학이 있기에 오늘도 고봉의 간화선은 불빛처럼 빛난다.

고봉사관 옆의 사자구(獅子口)에 '철저히 죽어야만 산 사람을 볼 수 있다'는 고봉의 송이 걸려 있다. 그 앞에 펼쳐진 부처의 형상을 닮은 불면암이 햇살에 눈부시게 빛난다. 그 미소 속에서 고봉의 열반송이 드러난다.

來不入死關 　오고 싶어도 이 사관에 들어올 수 없고
去不出死關 　가고 싶어도 이 사관을 나갈 수 없네
撞蛇鑽入海 　사철로 된 뱀 한 마리가 바다를 뚫고 들어와
撞倒須彌山 　수미산을 뒤집어서 내동댕이쳤다.

고봉사관 가는 길에 자라고 있는 천목 청정차

하늘의 눈을 닮은 천목산 천지를 가다

백두산, 둔황, 천목산 천지는 중국의 3대 천지로 불려왔다. 세 곳의 공통점은 모두 강의 발원지라는 점이다. 민족의 영산인 백두산은 흔히 천지라고 부르고 둔황 천지는 바다 같은 천산 위에 위치하고 있다.

우리가 주목하는 곳은 천목산(天目山) 천지이다. 그곳을 취재하기를 오랜 기간 갈망해 왔으나 번번이 뜻을 이루지 못했다. 갈 때마다 안개가 끼어 길을 나설 수 없었기 때문이다. 마침 영명연수 탄신 1200주년을 맞아 학술연토회에 초대 받았을 때였다. 학술연토회가 끝난 뒤

천목산 정상 1500m에 남아있는 천지

하늘에 맞닿은 정상, 그 아래 천지가 있다

천목산 천지를 향해 떠났다. 하지만 또 다시 천목산 정상이 안개에 싸여 찾기가 쉽지 않았다. 천목산 마을에서 다관을 운영하는 왕 노인을 이끌고 천지를 찾아 나섰다. 천목산 정상에서 도보로 한 시간을 걸어가야 한다고 했다. 천지로 가는 길은 고행의 길이었다.

천목산 천지가 다른 천지와 확연히 구분되는 것은 '하늘의 눈을 닮았다'는 천목다완의 발원지라는 점이다. 그 물을 천목다완에 차로 우려내 그것으로 도를 깨달았다던 곳이 천목산이다. 남송 시기 차문화가 절정을 이룬 곳이기도 하다. 천목산 천지는 일곱 개의 산 사이로 하나의 물줄기가 흐르는 곳에 있다. '마치 거울처럼 맑고 깨끗한 두 개의 눈이 하늘을 담고 있는 듯하다'고 하여 천목산이라고 불렸다.

하늘을 닮은 천목산

천목산은 항주에서 북쪽으로 저장성 임안시 천목산록(해발 1,500m)에 자리잡고 있는 중국의 명산 중 하나이다. 산 내 1백여 개에 이르는 절은 중·일 전쟁 당시 이곳이 군사 지역이었던 까닭에 대부분이 파괴되고 오직 청대에 건립된 선원사만이 현존하고 있다.

육우(陸羽· 727~804)가 《다경(茶經)》을 쓴 뒤 천목청정차(天目靑頂茶), 천목운무차(天目雲霧茶)로 주목받은 천목산은 남송 시대에 전성기를 구가한 천목다완(天目茶碗)으로 더욱 유명해졌다.

육우는 《다경》 첫머리에 이렇게 쓰고 있다.

차는 남쪽에서 자라는 아름다운 나무이다. 그 높이는 한 자나 두 자에서 수십 자에 이르고 있다(茶者南方之嘉木也一尺二尺乃至數十尺).

좋은 차를 낼 때 첫째로 꼽는 것이 물과 찻잎이다. 천목산은 두 가지를 고루 갖추고 있다. 동천목에서는 찻잎이 나고, 서천목에서는 물이 흘러내려 와 하나로 어우러지는 곳이 천목산이다. 그래서인지 당나라 때부터 '천목청정차'가 전해졌고, 그 뒤 고봉원묘 선사가 서천목산록 사자암에 은거하면서 선차로 발전시켜 천목차와 다완이 하나로 어우러진 절정을 이루었다. 천목청정차에 관한 최초 문헌인 육우의 《다경》은 이렇게 전하고 있다.

항저우(杭州)의 임안(臨安)과 어잠(於潛) 두 현의 천목산에서 나는 것은 서주에서 생산되는 차의 품질과 같다.

천목산 천지로 향하는 사람들

여기서 말하는 서주는 안후이성의 잠산과 태호를 가리키는 말이고, 어잠은 지금의 임안현을 가리킨다.

천목차는 육우 당시 안후이성의 서주차와 어깨를 나란히 겨루었다. 또한 도륭이 쓴 《고반여사》에는 명대 6대 명차 중 하나로 기록되어 있다. 그 6가지 명차를 열거해 보면 호구차·천지차·양선차·육안차·용정차 그리고 천목차다. 천목차를 살펴보면 천목청정차는 지금은 천목운무차만로 널리 알려지고 있다.

천목차의 유래를 살펴보면 천연 야생 다수(茶樹)가 있었는데, 사람들이 오를 수 없었기에 선인들이 원숭이로 하여금 그 가지를 꺾어 오게 하여 차엽을 얻었다는 이야기가 전해지고 있다. 지금도 주변에 원숭이를 키워 원숭이가 꺾어 온 찻잎으로 차를 만든다고 한다. 그 차가 바로 천목차인데 뒷날 노죽 선사가 야산에 차나무를 심으면서 '천목청정차'로 태어난 것이다.

'일곱 개의 산 사이로 하나의 물줄기가 흐르는 곳에 천 개의 봉우리가 솟아났다'는 천목산은 예부터 경관이 아름다워 시인 묵객들이 주옥같은 명시를 남겼다. 당대의 시인 교연은 〈천목산과 차〉라는 시에서 천목청정차는 신선들이 마시던 차로 잎이 두껍고 백호가 분명히 드러나며 붉은 빛깔을 지니고 있다고 했다.

저장성불교협회 상무이사를 지낸 이조영(李祖英) 씨는 "천목산이라는 이름

정상에 이르자, 바위에 새겨 둔 글씨가 보인다

은 '눈이 먼 장님이 이 산의 맑은 물로 눈을 씻어 광명을 얻었다'해서 그때부터 '눈 목(目)' 자를 써서 천목산(天目山)이라 했다"고 전했다. 또다른 설로 "천목산의 두 개 주봉이 거울처럼 맑은 물의 모습을 하여 '마치 두 개의 눈이 하늘을 담고 있는 듯 하다'고 해서 천목산이라고 부르게 되었다"고 한다.

명나라 유모완의 시에도 천목의 목(目)은 광명의 빛이었다고 한다. 동천목의 찻잎과 서천목의 물이 만나 비로소 청정차를 탄생시킨 천목산의 차는 당나라의 육우가 언급했듯이 오랜 역사를 지니고 있을 뿐 아니라 현재 중국의 3대 불차(佛茶)로 우뚝 서 있다.

안개를 헤치고 천목산 천지를 찾다

안개를 헤치고 천목산 천지를 향해 갔다. 왕 노인이 앞장서 길안내를 하고, 그 뒤를 따라 일행이 길을 재촉했다. 먼저 내려오는 사람을 붙잡고 천지의 위치를 물었다. 그는 한참 가야 천지를 만날 수 있을 거라고 말하며 총총히 산을 내려갔다.

일행은 거대한 고목을 헤치고 천목산 정상에 이르렀다. 그때 한 노인으로부터 동·서에 각각의 천지가 있다는 사실을 알게 되었다. 원래 천지였던 동천지로 가는 길은 암벽을 헤치고 찾아 나서야 할 정도로 험준하다고 했다. 정상에 올랐을 때 해는 서천으로 기울어 어둠이 깔리고 있었다.

숲 사이를 헤치고 한참을 찾으니 그제서야 시야에 천지가 들어왔다. 다시 길을 재촉하여 서천지로 향했다. 서천지는 동천지 반대편에 있는데 중국인민정부가 산세가 험준한 동천지에서 발생하는 빈번한 사고를 대비하여, 80년대 초 새로 조성한 천지였다. 위치는 천목산 정상의 좌측이다. 물은 거의 말라 있어 우리가 생각했던 천지와는 확연히 차이가 있었다.

50년 전까지만 해도 천지 옆에 가마터가 있었는데, 그곳에서 천목다완을 구웠다는 왕 노인이 옛이야기를 들려주었다. 갓 구워낸 찻잔에 천지의 물로 차를 달이니 찻잔 속 별빛이 아련히 드러났다. 그 경지를 간파해 낸 도공의 손에 의해 천목다완이 탄생된 것 같았다. 그 천지에서 하늘을 바라보니 하늘에 갖가지 별빛을 아로새긴 모습이 드러났다.

그때 천목다완을 빚어낸 도공의 혜안이 느껴지는 듯했다. 아름다운 별빛을 새긴 듯한 천목다완의 비밀 또한 풀리는 순간이었다.

천목다완은 천목산에서만 만들어진 것이 아니었다. 푸젠성 건요에서 집중적으로 만들어져 남송 시기 절정을 이루게 되었다.

안개 속에서 태어난 천목다완

천목산은 한 해 중 절반이 안개 속에 잠겨 있어 맑은 날을 거의 볼 수 없다고 한다. 선인들은 안개를 헤치고 천목다완을 빚어냈다. 그것이 남송 시기 찻잔의 제왕으로 떠오르게 되면서 송나라 다도 세계를 이끌어갔다. 천지에서 흘러내리는 천목산의 맑은 물과 천목다완이 만나면서 남송 시기 차문화의 절정을 이루어 갔다.

천목다완 탄생한 그곳,
천목산 사자암에 고봉의 茶禪一味 되살아나다

　　저장성 임안현 천목산은 천목다완의 발원지로 널리 알려진 곳이다. 천목다완 유래 또한 천목산에서부터 비롯되었다. 천목다완이 일본에 유행하게 된 것은 천목산으로 수행을 하러 온 일본의 고승이 다완을 가져가 일본에 소개하면

한국에서 가져간 고려다완으로 고차수 앞에 헌다를 올리는 모습

서부터이다. 그 역사의 흔적을 더듬어가다 천목산의 대표적 선원인 환주암을 만났다.

천목다완이 재탄생하게 된 것은 차인들의 심미안에 기인한다. 대체로 미의식은 센리큐 시기에 완성되었다고 보고 있다. 그러나 실상 남송시대 천목사발을 빚어 낸 도공의 숨은 손놀림에서 미의식(美意識)을 살필 수 있다.

2003년 2월 28일 일본으로 건너가 오모테센케의 히사다 종장을 만난 자리에서 대정호다완의 미의식을 물었다. 그때 히사다 종장은 단번에 천목다완을 거론하면서 "이도다완이 와비정신을 담고 있다면, 천목다완은 미의식을 높이 평가했다"고 말했다.

히사다 종장 이전부터 이미 천목다완은 일본 사람들의 마음을 사로잡았다. 이도다완에 대해 전면에 나서서 말한 비평가는 야나기무네요시였다. 그는 이도다완을 조선의 밥그릇이라고 명명한 후 지금까지도 그 범주를 벗어나지 못했다. 무로마치 시대(1390~1469)에 천목산에서 유학한 일본 선승들이 귀국하면서 천목다완을 가지고 들어왔기 때문이다.

어두운 밤하늘에 갖가지 색의 별을 새겨 넣은 듯한 착각을 불러일으키는 천목다완. 이것이 찻사발로 탄생하기 전 선승들의 밥그릇이었다는 증거는 천목다완 속에 새겨진 '밥그릇으로 깨우치라'는 '선오도(禪悟道)' 명문이다. 선승들의 삶과 철학은 밥그릇에 담겨져 있었다. 《조주록》에는 '세발우거(洗鉢盂去)'라는 화두가 있다.

어느 날 학인이 조주 선사를 찾아와 묻는다.

"아침은 먹었는가?"

"예, 죽을 먹었습니다."

"그러면 어서 밥그릇이나 씻어라."

최근 우리 사회에 선종 다도 표연이 새로운 물결로 떠오르고 있다. 그 축을 이루고 있는 의식 중 하나가 밥그릇을 통한 다도 표연이다. 그러나 밥그릇을 통한 다도 표연은 새로운 시도로, 그 연원을 밝히는 것이 중요하다. 천목다완을 통해 다도표연을 복원하는 것 또한 새로운 시도가 되지 않을런지 생각해 보자.

천목청정차와 천목다완의 만남

천목다완으로 유명한 천목산은 차 산지로도 유명하다.

《고반여사》에도 천목청정차의 명성을 기록해 두었다. 천목산은 찻잎뿐 아니라 물 또한 뛰어나다. 그래서 동천목의 찻잎과 서천목의 물이 만나 하나의 다향으로 피어났다고 했다.

천목산은 동천목과 서천목으로 나눠졌는데, 전성기에는 산 내에 1백여 개의 절이 있었다고 전해진다. 그 중심은 서천목산(西天目山)이었다.

천목산은 동천목이 위치한 경산사에서부터 서천목 선원사까지 이르는 꽤 넓은 산이었다. 천목산이 차의 메카가 된 것은 임제종 선승들이 서천목산을 중심으로 활약했기 때문이다. 그곳에서 선과 차, 도자 문화가 하나로 어우러져 본격적 사상을 형성해 갔다. 특히 서천목산은 군사 지역이었기 때문에 중·일 전쟁 당시 피해가 극심해 대부분 파괴되었고, 오직 청나라 때에 건립된 선원사만이 현존할 뿐이다.

육우(陸羽·727~804)의《다경(茶經)》저술지로도 알려진 천목산이 유명해진 것은 남송 시대에 천목다완이 만들어지면서부터다. 그 아름다움은 다인들의 마음을 사로잡았다. 도자기가 있으면 반드시 차가 따르기 마련이다.

예로부터 천목청정차는 이름을 떨쳤다. 원대 임제종파의 선승들이 천목산으로 대거 들어오면서 선다일미(禪茶一味) 사상을 구현했는데, 그 중심에 고봉원묘 선사가 있었다.

고봉원묘(高峰原妙)는 쑤저우(蘇州) 오강 사람으로 설암조흠(雪巖祖欽) 선사를 의지해 출가했다. 그는 스승으로부터 무자 화두를 받은 뒤 정진을 늦추지 않았다. 그러던 중 오조법연 선사의 영정에 붙인 찬(讚)에 '백 삼만 육천 일을 반복하는 것이 원래 이놈이다'라는 글귀를 보고 '이 죽은 송장을 끌고 다니는 것이 무엇이냐'라는 화두에 의심이 타파되었다. 그때가 24살 때였다.

여름 결제가 끝난 뒤 남명사로 스승을 찾아갔다. 그리고 스승을 보자 곧 여쭈었다.

"무엇이 너의 송장을 끌고 여기에 왔는가?"

고봉은 이때 "할"을 외쳤다. 곧 조흠 선사가 몽둥이를 집어 들자 붙잡으면서 말씀했다.

"오늘은 저를 때리지 못할 것입니다."

조흠 선사는 다음과 같이 말했다.

"만법이 하나로 돌아가니 하나는 어느 곳으로 돌아가는가?"

선사가 대답했다.

"개가 뜨거운 기름솥을 핥습니다."

"너는 어디에서 어떤 것을 배웠느냐?"

"선사께서 의심하실 만합니다."

이는 고봉의 살림살이를 인정하는 계기가 되었다. 그러나 고봉이 진정 선의 길로 들어선 것은 천목산으로 옮기면서부터였다.

기묘년 봄 걸망 하나 짊어지고 천목산으로 들어갔다. 서봉의 위쪽에 자리잡은 사자암은 천길이나 되었으며 가파른 바위들이 솟아 있었다. 고봉은 사자암 서쪽 절벽 위 바위 동굴에서 사관(死關)이라는 방(榜)을 내붙이고 선정삼매를 닦았다.

차와 선을 하나로 접목시킨 고봉은 사자암 주변의 청정 찻잎으로 차를 우렸다. 그 찻잎으로 사발에 차를 우리니 빛깔이 황홀했다. 옛 선승들이 차와 선을 통해 깨우침을 노래한 의미를 알 것 같았다.

세발위를 버티고 서 있는 고목

날마다 세발지 샘물로
차를 끓여 마신 고봉 선사

고봉이 마셨던 샘물이 지금도 흐르고 있다

고봉사관을 빠져나와 차나무를 따라 걷다보면 오솔길 사이로 세발지가 나온다. 고봉 선사가 바릿대를 씻었다는 그 샘물은 예나 지금이나 변함없이 흐른다. 고봉의 체취가 물씬 풍기는 샘물이다. 고봉은 이 샘물을 길어다 사관 주변의 차나무 잎을 법제하여 차를 끓여 마셨다고 전한다.

고봉 선사는 삼관어로 공부하는 이들을 점검하였다.

"크게 통한 사람은 이미 생사를 벗어났지만 무엇 때문에 명근이 끊어지지 않는 것인가?"

"불조의 공안에는 오직 한 개의 도리

고봉 선사가 차를 끓여 마신 세발지

일 뿐인데 어떤 일로 인해서 밝음과 밝히지 못함이 있는가?"

"크게 수행한 사람은 부처의 행을 따라 해야 되는데 왜 계율을 지키지 못하는가?"

만약에 확인의 답이 맞지 않으면 그는 곧 문을 닫아걸고 제접하지 않았다. 때문에 사람들은 삼관어를 입문삼관이라 하였다.

이 밖에도 입실삼관(入室三關)이 있는데 말하길, "해가 높으니 비추지 못하는 곳이 없다. 그런데 무엇 때문에 구름에 가려지는가. 사람의 그림자는 시시각각 한 발자국도 떨어진 적이 없는데 무엇 때문에 밟을 수가 있는가. 대지는 불구덩이라고 하는데 어찌 삼매를 얻는 것이며 불에 탈까봐 두렵지 않은가?" 그의 선법의 방편상 그는 '시량분별을 말라'라는 화두를 참구할 것을 제창하였으며 그는 만법귀일(萬法歸一) 일귀하처(一歸何處)를 참구하였다고 한다.

고봉사관 가는 길에서 만난 차나무

차를 실천한 고봉 다선일미론

저자는 1998년 처음 천목산을 탐방하고 '천목산의 선차와 고봉원묘 선사(불교춘추 1999.4월)'라는 글에서 다음과 같이 고봉의 다론을 밝혔다.

천목청정차로 유명한 천목산이 차로 명성을 얻게 된 데는 천목다완(天目茶碗)이 큰 역할을 했다.《어잠현지》에 다음과 같은 기록이 있다.

천목산은 산림이 무성하며 검은색을 띤 약산성의 부식토양이다. 안개가 많고 대체로 기온이 낮으며 습도가 높아서 겨울과 봄에 동해(凍害)를 입을 수 있는 차나무는 해발 600m~1,250m 사이에 찬 기온을 피해 심었다.

중국 차 연구가인 첸징(陣瀞) 씨가 천목청정 차나무의 찻잎을 살피는 모습

《고반여사》에는 '천지와 용정차에 버금가는 좋은 차'라고 밝히면서 '산 속의 차가운 기온은 일찍부터 혹독하여 산승(山僧)들은 9월이면 밖을 나갈 수 없을 정도로 눈이 많이 와 3월이라야 통행이 가능하다'고 하였다. 차의 싹이 트는 시기도 비교적 늦다고 기록되어 있다. 이로 보아 천목산은 차를 재배할 수 있는 천혜의 지역이었던 것 같다. 《어잠현지》는 이를 실감나게 표현했다.

천목산의 정상에서 생산되는 차는 운무차라고도 한다. 이 차는 체한 것을 잘 내리며 구하고자 하여도 그리 쉽지 않다. 천목산에서 생산된 차는 자연스러운 맛을 지니고 있다. 천목차는 맑지만 묽지 않고 쓰지만 입에 거슬리지 않는다. 또한 천목산에는 왕차라고 하는 청정차가 있는데 선승은 이 차맛을 보고 깨우쳤다고 한다.

천목차의 원형은 노죽(盧竹) 선사가 천목산 인근 금산이라는 곳에서 수도하면서 차 종자를 들여와 재배하는 것으로 시작한다. 이것이 천목운무차로 노죽과 고봉 선사에 의해 비로소 중국 10대 명차로 손꼽히게 된 것이다. 이것이 일본 선승들에 의해 일본으로 전해졌고, 선맥은 벽송지엄(碧松智儼)에 의해 우리 땅으로 들어왔다.

이는 1998년 겨울, 찾아간 천목산에서 차방을 운영하는 보살의 안내로 안개 속을 헤치고 서봉 아래 사자암터를 확인하면서 밝혀낸 것이다.

동천목을 향해 찾아가던 날 한 수행자가 걸망을 이고 천지로 향하고 있었다. 천지는 서천목산(西天目山)에서 가장 아름다운 작은 절이 있는 정상에 있다. 동천목산(東天目山)에서 굽어 본 서천목은 장관이었다. 동천목에서 차를 몰아 서천목 정상에 이르렀다. 고봉의 사관을 찾기 위해서였다. 계곡을 따라 사관 가는 길을 차나무가 에워쌌다. 사관에 이르러 늘 그랬듯이 고봉 화상 앞에 합장배례를 했다. 고봉탑원에서 바라본 바위는 영락없이 부처의 형상이었다. 고봉은 불면암이라고 전해 오는 이 바위에서 부처의 미소를 보며 날마다 서원을 세웠으리라.

서봉으로 가는 길은 아름드리 나무들이 빽빽이 서 있었고 중간쯤 가다 보면 나무왕수가 우뚝 서서 지나는 이의 발길을 멈추게 한다. 그 길을 따라 약 30분 정도 오르니 고봉 선사가 오도한 사자암이 나왔고 주변에는 수많은 야생 차나무가 자라고 있었다. 그곳에서 약 5m를 내려가니 거대한 낙락장송 아래 고봉 선사가 바릿대를 씻은 척발지가 나왔다.

《서천목산지》와 기타 설화를 종합해 보면, 고봉 선사가 서봉 아래 사자암에서 은거할 때 우물의 물을 퍼서 발우를 씻었는데 우연찮게 주위의 검은 진흙을 발견하고 이를 버무려 발우를 만들었다. 그것이 오늘날 천목다완이 되었다고 한다. 고봉원묘 선사의 지혜로 남송 시대 중국뿐 아니라 일본까지 전해진 천목다완이 바로 여기서 탄생하게 된 것이다.

천목산의 숲

사관에 이르러 천목산을 바라보니 극락 만다라를 펼쳐 놓은 것 같았다. 고봉 선사는 천목산록에서 나는 야생 찻잎을 한 움큼 꺾어와 뜨거운 물에 달여 차 한 잔을 마신 뒤, 천목산 서봉의 사자암 좌선대에서 동틀 무렵 오도를 체험했 다고 한다. 오도게송은 다음과 같다.

그때 나는 마치 그물에 걸렸다가 풀려 나오는 듯했고 저 불조의 모든 심난한 공안과 고금의 차별인연에 밝지 않음이 없게 되어 이로부터 나라가 편안하고 천하가 태평하 여 한 생각이 없이 이 시방을 좌단하였느니라.

이로 보아 차선삼매에서 깨어난 고봉은 해탈의 세계, 진여의 문을 활짝 연 것이다.

고봉 사관에 이르니 간화선이 보인다

동광 스님과 천목산을 찾았을 때 그곳에는 이미 많은 변화가 있었다. 안내문 은 고봉이 손수 덖었던 차수를 천목청정차의 원형으로 기술했고, 천목청정차 는 육우의 《다경》에 등장하여 송대 용정차와 쌍벽을 이뤘으며 그 뒤 용정천목 (龍井天目)이라 불리며 조정에서 귀하게 여겨졌다고 설명했다. 또한 고차이권 (古茶以券) 의식을 거행하여 서봉 사자암 들머리 차나무에 역사적 의미를 부여 하려는 의지를 담았다.

부처의 얼굴을 닮은 사관

고봉 화상의 수행담을 엿보다

수차례 고봉 사관을 순
례하고 나서야 고봉이 15
년간 밖으로 나오지 않고
수행했던 진의를 알 것 같
았다. 통광 스님이 역주한
《고봉화상선요》에는 다음
과 같이 고봉 선사의 수행
담이 실려 있다.

지난날의 허물을 제가 일
찍이 스님 앞에서 자세하게
드러냈었는데 거듭 의심하
시니 처음부터 드러내지 않
을 수 없습니다.

제가 15세에 출가하여 16세에 중이 되었고 18세에 불경을 배워 20세에 옷을 바꿔 입고 정자사(淨慈寺)에 들어가 3년 동안 죽음을 한정하고 단교 화상에게 '부모미생전(父母未生前) 본래면목(本來面目)'이란 화두를 간택 받았습니다. '내가 태어나기 전 어디서 왔으며 죽으면 어디로 가는 것일까'라는 화두를 참구하였는데 한참 참구하다보니 생각이 두 갈래로 갈라져 마음이 한결같지 않았습니다. 또 단교 스님께서 공부하는 법을 가르쳐 주셨는데 분명히 깨닫지 못하면 그럭저럭 일 년이 넘도록 각오하고 참선수행 하였습니다. 세월을 허송하여 매일 길을 잃고 헤매는 사람과 같았습니다.

그럭저럭 3년의 기한이 임박하였으므로 바야흐로 고민에 빠져 있던 차에 뜻밖에 태주정형(台州淨兄)을 만나보니 말하기를 "도력이 높은 설암(雪巖) 화상이 계시는데 설

암 선사께서 그대의 공부에 대하여 물으시는 데 왜 한번 가서 묻지 않느냐?" 하시기에 기쁨에 넘쳐서 북간탑에 가서 법을 물으려고 당상의 향을 사르자마자 한 차례 주먹으로 쳐서 쫓아내고 곧 문을 닫아버리시매 눈물을 흘리면서 승당으로 돌아갔습니다.

그 다음날 아침 공양을 마치고 다시 올라가 비로소 가까이 할 수 있었습니다. 스님께서 곧 그전의 공부하던 과정을 물으시기에 제가 낱낱이 말씀드리니 당장 일전에 쌓여있던 병통을 없애 주시고 조주의 무자화두를 참구하라고 하셨

고봉좌상

개산노전을 찾은 동광 스님은 강남고불의 자취가 지금도 선연하다고 말한다

습니다. 처음부터 시작하여 공부를 한번 해 보니 마침 어둠에서 등불을 얻은 듯 하였고 거꾸로 매달리는 고통에서 구제받은 듯 하였습니다. 그로부터 비로소 공부하는 법을 알았습니다.

또 말씀하시기를 "날마다 올라와 한 번씩 물으라. 공부하는 차례를 알아야 하는 것이 마치 길 가는 행인이 날마다의 노정을 알아야 하는 것과 같으니 오늘도 그럭저럭 내일도 그럭저럭해서는 안 된다" 하셨습니다. 매일 들어오는 것을 보자마자 곧 물으시기를,

"오늘 공부는 어떠한고?" 하여 말하는 것이 단서가 있는 것을 보게 되면 그 뒤에 공

부하는 일은 묻지 않고 무에 들어갈 때마다 문득 물으시기를,

"누가 이 송장을 끌고 왔는고?"

하시고 그 소리가 끝나기도 전에 곧 주먹으로 때려 냅다 쫓아냈습니다. 매일 그저 그렇게만 묻고 때리시니, 그렇게 다그쳐 물음으로써 조금 진취가 있었습니다.

노화상께서 남명사의 청을 받고 떠나시면서 말씀하시기를 "내가 가서 원(院)에 들어가면 사람을 시켜 너를 데려 가겠다" 하셨으나 그 뒤에 끝내 아무런 소식도 없기에 상주택형(常州澤兄)과 벗하며 같이 가려고 왕가교(王家橋) 부모님 계시는 곳에 이르러 행장을 정돈하려 하니 뜻밖에 부모님께서 저희들의 나이 어린 것을 염려하시고 또 먼 길을 가보지 않았다 하여 행장과 도첩을 모두 빼앗으며 만류하니 때는 2월 초였습니다. 모든 절(諸方)에 방부 들이는 것이 끝났으므로 모두 찾아갈 수밖에 없어 2월 보름경에 선당(禪堂)으로 돌아갔습니다.

어느덧 다음 달 16일 밤이었습니다. 꿈속에서 단교 화상이 일러주신 '만법이 하나로 돌아가는고?' 하는 화두가 문득 생각났습니다. 그로부터 의심이 생겨 일념을 이루어 동과 서를 잊었으며, 잠자는 것도 밥 먹는 것도 모두 잊어버렸습니다. 그러한 지 6개월째 되던 날이었습니다. 진시(辰時)에서 사시(巳時) 사이에 행랑(行廊) 아래를 거닐다가 대중 스님들이 승당에서 나오는 것을 보고 몰래 대열에 섞여 삼탑각에 올라갔습니다. 경을 외우면서 머리를 들어 문득 오조법연 화상의 진찬(眞讚)의 끝 두 글귀에 '1백 년 3만 6천 일을 반복(返覆)하는 것이 원래 이 몸뚱아리다' 한 것을 보자 전에 스님께서 다그쳐 물으시던 '송장 끌고 다니는 놈'이라는 화두가 확연히 떠올라 깨달으니 곧 혼이 나가고 담이 없어진 듯하고 죽었다가 다시 소생한 듯하였습니다. 어찌 120근의 무거운 짐을 내려 놓은 것과 같을 뿐이겠습니까. 그때가 바로 신유년 3월 22일 달마 대사 기일이었고 제 나이 24세 되는 해였습니다. 3년의 기한을 채우고서 문득 남명사에 가서 스님께 인가(印可)를 구하려 하였으나 여름 결제가 임박하여 갈 수가 없었습니다. 더구나 고향 사람들도 못가게 하였습니다.

여름철 해제를 하고 나서 비로소 남명사에 가서 스님께 한바탕 허물을 여쭈었습니다. 방장실에서 여러 가지로 단련해 주심을 받아 공안(公案)을 분명하게 밝혀내었고, 남에게 속임을 받지 않았으나 어쩐지 말할 적마다 마음속에 무엇인가 흐릿하여 생활 속에서 오히려 자유롭지 못한 것이 마치 남에게 빚을 진 것과 같았습니다. 거기에 있으면서 한평생 시봉하려고 했었는데 생각 밖의 동행인 택현과 다른 산중으로 가게 되어 문득 좌하를 떠났습니다.

을축(乙丑)년에 이르러 스님께서 남명 도량에서 방부를 받았을 때도 의지하게 되어 천녕(天寧)으로 함께 가는 도중에 스님께서 힐책하며 물으셨습니다.

"날마다 복잡(浩浩)할 때에도 주재가 되느냐" 하시기에

"주재가 됩니다"라고 대답했습니다. 다시

"잠이 푹 들어 꿈도 생각도 없고 보는 것도 없을 적에는 너의 주인공이 어디 있는가?"

하시거늘 여기에서 꽉 막혀 대답할 말이 없고 어떤 이론도 펴 놓을 수 없었습니다. 스님께서는 곧바로 말씀하시되 "오늘부터는 네가 부처를 비우려고도 말고 법을 배우려고도 말며 옛 것을 궁구하고 지금 것을 궁구하지도 말라. 그저 배고프면 밥 먹고 곤하거든 잠자고 잠이 막

개산노전을 찾은 순례인파

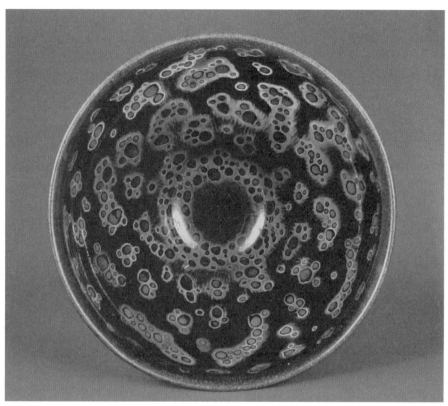

하늘의 별빛을 닮은 천목산에서 유래한 천목다완

깨거든 정신을 가다듬어 나의 한결같이 깨닫는 주인공이 필경 어느 곳에서 안심입명
하는가를 생각하라.”

고봉 선사는 설암조흠 선사에게 무자화두를 받고 정진하였는데 조흠 선사가
문득 “무엇이 너의 송장을 끌고 왔는가”라고 묻고 대답을 하기도 전에 몽둥이
로 쳤다. 스님과의 문답을 주고받은 끝에 의심을 풀고 무자화두를 타파했다.
고봉 선사의 공부 경험담을 통해 우리는 고봉 선사의 세계를 엿보았다. 고봉 선사가 제자들에게 가르침을 전해 준 개산노전은 천목산 정상에 있는데 지금도 개산노전으로 불리고 있으며 그와 관련된 자료들이 진열되어 있었다.

고봉 선사의 경험담을 통해 그의 가르침이 천목산을 중심으로 싹 텄음을 알 수가 있다. 고봉은 천목산에 들어가 한 발(一丈) 남짓한 방에서 고행 끝에 대혜의 간화선을 꽃피웠다.

고봉 선사 좌상 앞에서 헌다를 하고 있는 숙우회

고봉원묘 선사 좌상 앞에서 헌다례

2010년 11월, 한국선차계에 깜짝 놀랄 만한 소식이 전해졌다. 항저우 영은사에서 세계선차문화교류대회를 마친 11월 14일, 한국선차 대표단 24명이 처음으로 고봉사관 앞에서 헌다의식을 거행한 것이다. 고봉원묘가 저술한《선요》는 대혜의《서장(書狀)》과 함께 조계종의 강원교재로 쓰여 있기 때문이었다. 한국 선차계는 고봉 화상을 흠모하면서 치열한 구도를 했던 사관을 찾아가 헌다의식을 올리려고도 염원했다. 그래서 2010

미국에 있는 고봉 도상

224

년 11월 14일에 천목산 고봉사관앞에서 거행된 헌다식은 각별했다.

한국선차계는 한국에 간화선의 길을 연 고봉을 흠모해 왔다. 그도 그럴 것이 고봉이 대혜종고로 이어지는 간화선의 정통맥을 잇고 있다는 점에서 한국선차계에서 중요한 인물로 평가되기 때문이다. 그러한 의미가 담긴 고봉사관 앞에서 열린 헌다 의식은 기쁜 일이 아닐 수 없다. 또한 한국을 대표하는 차 단체인 숙우회(대표 강수길)가 맡아 더욱 상징적인 의미를 담고 있다.

서천목산 사관을 찾아가다

24명의 한국선차 대표단은 항저우 영은사에서 열린 제6차 세계선차문화교류대회 참가를 마친 뒤 구주(九州, 중국의 별칭)라 칭송 받는 천목산 사자구에 이르렀다. 중국 원대의 대표 선승인 고봉원묘 선사의 체취가 남아 있는 사관 앞에서 거행된 헌다례는 그 어느 때보다도 뜻깊었다.

줄곧 동행한 중국 차 연구가 수만 선생은 선차대회를 마치고 저자에게 "천목산 사관은 차와 연관이 있습니까"라고 넌지시 물어왔다.

저자가 "저 멀리 후저우 하무산에서 고려의 태고보우 국사가 구법한 이래 대혜로 이어진 간화선의 정통맥이 고봉원묘에 와 닿았습니다. 한국 차계가 한국 땅에 간화선을 전해 준 은인에게 차제(茶祭)를 올리는 것은 당연한 일입니다"라고 말하자 고개를 끄덕였다.

그리고 귀국한 뒤 시후(西湖) 〈롱징(龍井)신문〉에 〈한국선차계 천목산에서 고봉 선사에게 차제를 지내다〉는 제목으로 수만 선생의 다음과 같은 글이 게재되었다.

2010년 11월 14일 오후 천목산에 이른 한국선차문화 대표단 24명은 항저우 영은사

고봉사관의 좌상 앞에서 헌다

에서 제6차 세계선차대회를 마치고 천목산록 사자구(師子口)인 중국 원대 선종의 고
승 고봉원묘 선사가 수행했던 사관에 이르러 감회에 젖었다.

대륜불교(태고)연구원 이사장 무공무상(無空無上) 스님, 한국 지림사(祇林寺) 주지
혜준(慧俊) 스님, 한국동아시아선학연구소 소장·한국 〈차의 세계〉 잡지사 사장 최석
환(崔錫煥), 한국 한양대학교 박정진(朴正鎭) 교수와 숙우회 등 한국 차 단체들로 구성
된 한국선차문화대표단이 고봉 차제에 참가했다. 저자는 영은사에서 한국선차문화대
표단이 그 행사에 참가한다는 소식을 듣고, 한국 동아시아선학연구소 소장 최석환 선

226

생과 함께 고봉 선사의 선풍과 차에 대해 이야기를 나누고 논의 끝에 차제에 동행하기도 했다. 한국선차계 대표들과 함께 다구를 등에 지고 암석이 웅장한 사자암 '고봉탑원(高峰塔院)'에 도착하였다. 그곳의 우뚝 솟은 암석은 형태가 사자 머리와 비슷하여 '사자암'이라는 이름을 얻었다. 그 암석 중에서 움푹 들어간 부분이 사자 입을 닮았다. 샘물을 길어다 물을 끓여서 차를 우리고 꽃과 잎을 펼쳐 사관 동굴 앞에 찻자리를 마련한 뒤 꽃, 등, 향, 차를 경건한 마음으로 예를 올렸다. 그 다음 차 의식이 행해졌다. 올린 차는 사람들의 손으로 전해져 그 차를 조금씩 마시면서 조사 법맥이 한국 학인들에게 전해지고 있음을 느꼈다. 차의식을 마친 사람들은 사자정 건너편 천목산맥에 '불면석(佛面石)'을 향하여 합장하고 예를 올렸다.

수만 선생과 이런저런 이야기를 주고받으면서 부산 숙우회의 차 공양 의식을 마치고 고봉사관에 이르렀다. 수만 선생은 전시관으로 쓰는 개산노전에서 '고려왕자'란 글을 가리켰다. 그는 고려왕자에게 법의와 가사가 전해졌다는 기록을 보고 매우 놀라는 표정이었다.

한·중의 차인들은 천목산 고봉사관 앞 불면석을 향하여 합장을 했다. 조그마한 마음이 움직여 불성을 일으킨다는 의미를 사면불을 보고 깨우쳤다. 고봉 좌상 앞에서 차제를 지켜본 수만 선생은 다음과 같이 말했다.

이번에 한국선차문화대표단이 석옥청공 차제를 지낸 데에는 다른 중요한 원인이 있다. 바로 석옥청공 선사가 제창한 차로 깨닫고, 차로 선을 닦고, 선차문화에 공헌한다는 것이다. 산천이 수려한 하무산은 예로부터 찻잎이 자라기 좋은 지방이었다. 석옥청공 선사와 차의 인연은 그 계승에서 항상 산발적으로 나타나 짙은 차향을 맡을 수 있다. 게다가 일반적으로 손님이 찾아오면 "손님이 와도 모시고 말할 겨를이 없어, 마른 나무를 주우려고 먼저 가서 차 끓일 준비를 한다"고 말했다. 청공 선사는 '참선의 여가

고봉사관앞에서 헌다를 하고 있다

에 한산자의 게송을 외우고 밥 먹은 뒤엔 곡우의 차를 달여 마신다(禪餘高誦寒山偈, 飯後濃煎穀雨茶)'는 생활을 좋아했다. 엄동설한에 그러한 '좋은 추운 밤, 달을 치고 차는 연못의 얼음물로 달인다(鐘鼓寒夜月, 茶煮石池氷)'는 것을 체험했다. 청공 선사는 겨울철에 얼음물로 차를 끓이는 외에 "잠을 좇는 차를 달이니 거품이 인다"고 하였다. 매번 잠들기 전에 우린 대개 흐르는 폭포수를 이용하여 우린 차를 선택했다.

사관 앞에서 첫 헌다의식

1998년 사관을 처음 찾았을 때는 불상도 없고 고봉탑원을 알리는 대리석으로 된 팻말만 있었다. 그 뒤 한국인 순례 인파가 몰려들자 중국 정부가 고봉좌상을 사관 안에 모셔 두었다. 원래 사관은 고봉 선사가 입적하자 부도탑을 세웠다. 그러나 긴 세월이 흘러가면서 고봉사관은 역사 속으로 멀어져 갔다. 그래서 이번 헌다례는 그 어느 때보다도 의미가 깊다고 할 수 있다.

한국선차 대표단은 2010년 11월 14일 오후가 되서야 고봉사관에 이르렀다. 배[船] 모양으로 작은 집을 짓고 사관이라 이름 붙인 곳 앞에서 고봉의 자취에 흠뻑 빠져들었다. 저자가 이번에 발견한 사실이지만 그 앞에 인로왕보살의 모습을 하고 있는 부처상이 배 모양처럼 생긴 사관을 떠받치고 합장 한 채 서 있었다. 서 있는 돌부처가 사관을 이끌고 있는 자세였다. 참으로 고봉 선사의 혜안에 놀라움을 감출 수 없었다.

  숙우회는 사관 앞에 제단을 만들고 향과 꽃을 올린 뒤 차를 올렸다. 이 같은 다례제는 한국인으로서는 처음 올린 차제이다. 참가 대중은 스스로 고봉 선사 앞에 차를 올리고 향을 피운 뒤 고봉 선사가 한국에 전해 준 간화선의 정신을 흠향했다. 참가 대중 모두가 행복해 했다. 그제서야 고봉 선사가 수행한 사관

헌다례에 참가한 대중들의 기념촬영 모습

부처의 얼굴을 닮은 불면암을 바라보며 한·중 선차 대표단이 합장하는 모습

에 커다란 족자를 걸고 그 앞에서 수행하는 후학들의 진면목을 알 것 같았다. 고봉의 정신은 차계로 옮겨와 맑은 차향처럼 빛나고 있었다.

　중봉명본은 환주암청규를 통해 백장회해 선사가 주창한 청규정신을 회복시켰다. 천목산 개산노전에 그의 자취가 남겨져 있는데 대혜, 고봉, 중봉을 찾은 이번 기행은 대혜의 간화선이 고봉, 중봉 두 선사에 의해 만개했다. 이제 중봉의 자취를 살펴보겠다.

중봉명본은 누구인가

중봉명본(中峰明本 · 1263~
1323)은 고봉원묘의 100여
명의 제자 중 으뜸으로 꼽히며
항저우(杭州) 전당인이고 속성
은 손씨다. 15세에 뜻을 세워
출가하여 《법화경》, 《금강경》
등을 읽을 것을 맹세하였다.
24살 때 천목산으로 들어가 고
봉원묘를 찾아가 그에게 구족
계를 받았다.

그는 어느 날 천목산에 흐르
는 물을 보고 깨달음을 얻은 뒤
고봉원묘로부터 심안을 얻었
다. 그 뒤 여러 곳을 순례하다

가 천목산으로 다시 돌아왔다. 중봉명본은 명성이 높아 많은 사부대중이 따랐고, 사람들은 그를 '강남고불'이라고 불렀다. 그는 제자들에게 자기 목소리를 내보였다.

"지금 소위 선을 공부하는 사람들 대개가 다른 사람들의 말을 가지고 의논할 뿐 모두들 스스로에 대한 공부는 하려고 하지 않는다. 때문에 옛사람들의 선어만을 목적으로 하는 것은 야호연타(野狐延睡)하는 식일 뿐이니 좋은 가르침을 받아야 한다"고 말했다.

중봉의 〈산방야화〉에 달마가 계를 설하지 않은 이유를 말하였다. 첫째는 근본종지만을 투철하게 관찰하게 하려는 것이고, 둘째는 제자들을 믿었기 때문이라고 했다.

근본종지만을 투철하게 관찰하게 했던 뜻은 오로지 부처님의 심인을 전하는 것으로써 종을 삼아야 한다고 말하였다. 그의 가르침을 이은 제자는 수없이 많으나 그중 천여유칙과 천암원장을 들 수 있다. 그들은 명본으로 이어지는 임제종의 가풍을 면면히 이어갔다.

천목산에 이르니 바람결에 낙엽 떨어지는 소리가 들렸다.

1998년 겨울 이후 매년 한두 차례씩 천목산을 찾았다. 이유인즉 남송 말기 천목산에서는 임제선이 가장 흥성했기 때문이었다. 선원사(禪源寺)에 붉게 물든 단풍잎 사이로 거미줄이 얽히고설켜 세월의 무상함을 느끼게 했다. 중봉의 자취는 고봉사관으로 가는 길모퉁이에 있다. 중봉이 고봉의 정신을 어떤 식으로 이어가려 했는지를 절감할 수 있었다.

중봉은 정해진 거처가 없었다. 환주암(幻住庵)이라 하여 가는 곳마다 암자를 짓고 수행하다가 1295년 이후 천목산에 들어와 스승인 고봉의 유지를 받들어 수행했다. 그가 열반한 뒤 천목산 개산노전 아래 묘탑이 세워졌다.

강남고불과 중봉 선사가 고려의 왕장에게 법의를 내렸다는 내용이 담긴 족자가 개산노전에 있다

찻집으로 바뀐 환주암

중봉의 청규정신이 살아있는 환주암

항저우(杭州) 인근 임안에 있는 천목산(天目山)을 찾았다. 고봉원묘 선사가 깨우친 사관을 향하는 길 옆에 반달모양의 연못에 눈부신 햇살이 비쳐왔다. 그 틈에서 햇살에 비치는 수련을 보았다. 늘 그랬듯 천목산 고봉사관을 향하는 길은 예사롭지 않았다. 예로부터 천목산은 중국 내 아름다운 산림 중 하나였다. 세계생물원 보호구역이 된 천목산은 오래된 삼나무와 소나무 등 각종 수목이 산재해 있다.

환주암은《선원청규(禪苑淸規)》가운데《환주청규(幻住淸規)》로 유명하다.

천목산에서 내려다 본 선원사

　노나라 공자의 《논어》에 이르길, '군자가 도를 배우면 모든 사람을 애호하게
되고 범부가 도를 배우면 쉽게 수순하게 된다' 하고 몽(蒙) 고을 장자(莊子)또
한 이르기를 "물고기는 장호(江湖)에서 노닐어야 일체를 잊고 유유자적할 수
있고, 사람은 대도에서 노닐어야 일체를 뛰어넘어 소요 자적할 수 있다" 했듯
이 세간의 법도(入世之道)도 이렇게 능히 수순하고 일체를 잊고 소요 자적하는
데 마물며 불조(佛祖)의 출세간법(出世之道)에 있어 피차가 없고 나와 남이 함
께 서로 사무치고 원융하게 섭수해 틈이나 사이도 없이 하나 됨(無間然)이겠는
가. 마음이 참으로 도(道)에 있으면 예를 갖추지 않아도 스스로 (이미) 적당하
고 법(法)을 쓰지 않아도 스스로 반듯한 법인데 무엇 때문에 총림(叢林)의 법도
와 규범을 정하리오. (다만) 안타깝게도 인심이 도의 궤도를 벗어나고 범해(凡
解)된지 오래된지라 이미 반천년전(半千年前)에 백장(百丈) 선사께서 총림을

236

바로 잡기위해 청규를 제정하시었으나 (당시의 청규를) 지금에 비추어보면 폐단이 없을 수 없기에 본 환주암에 거주하는 대중스님은 굳이 총림의 예법을 그대로 따르지 않더라도 일상에 필요한 법도와 대중의 규범은 반드시 지켜야 할 법도를 열 가지 항목(十門)으로 나누어 열거 하여 (자타가) 주객(主客)이 함께 참구하는(主伴文參) 표준으로 스스로 하나의 가풍의 관례로 삼고자 《환주암청규》를 저술케 되었다.

《환주암청규》일상생활에서 숙지해야 할 10가지 항목부터 선가에 스님들이 지켜야 할 덕목과 불탄일 축원문, 하안거결제, 능엄법회 축원문, 선가의 일상생활에 이르기까지 다양한 내용들이 담겨있다. 그중 당시 도량의 선풍에 다음과 같은 내용이 보인다.

　도반(道伴)들 끼리는 번거롭게 방할(棒喝)을 설치하지 않아도 되지만 번갯불 속에서 분명히 주빈(主賓)을 가리고, 해골(骸骨)앞에서 비밀히 상벌(賞罰)이 정해지고, 과연 도(道)는 사람들 속에 드넓고 불조의 정신을 펼쳐 가풍을 이루니, 새로운 법규를 총림에 퍼뜨려 그들과 함께 발우를 들고 탁발하며 어떻게 하면 주먹밥을 빚으며 밭을 가는 도리를 깨달아 요교승행(要教勝行)이 갖추어 원만하고 함께 일하는(普請) 것이 대중 모두가 힘을 얻는 바이다.

또 승가의 규범 중 지금도 행해지고 있는 대중 운력이 상세히 기록되어 있다.

　대저 대중이 안정되게 기거하려면 반드시 대중이 다 같이 애써 힘씀으로 일을 완성하는지라. 만약 부뚜막을 만들고 봄에 호미를 메고 밭을 경작하여 흙을 나르는 일에 있어서 이 모두가 운력(普請)의 힘을 의지해서 이루어진다. 그러나 근래에는 사치스러워져서 움직이는 일은 모두 사람을 시키고 근로의 정신이 안일의 정신으로 바뀌니 이제 출가해 입도한 후배스님들 또한 자연스럽게 이런 습관이 배어 풍토를 이루니 반듯한 도인(正因)은 없어지고 무너져 헛되이 세월만 이어가니 아무것도 모르고 흰머리가 되어 도모할 바 무엇이 있으리오. 이제 본 암자는 고풍(古風)을 힘써 배우고 따르려 하니 집을 수리하거나 일, 혹은 공양할 음식을 준비하는 일, 혹은 채소밭을 가꾸어 수확하는 일, 혹은 땔감을 하는 일 등 이 모든 일을 다른 사람을 시키지 않고 직접 대중의 손으로 해야 하기에 낱낱의 일은 각각의 몫이 정해진다.

이상과 같이 《환주암청규》는 중봉명본 선사께서 환주암에 원(元) 원우 4년에 주석하고 있을 때 중본 선사께서 환주암에서 사용하기 위하여 편찬한 2만 9천자로 도를 위하여 특별히 《환주암청규》를 만들었다. 그것이 모태가 되어 원 순제가 칙명을 내려 《칙수백장청규》가 간행되었다. 중본 선사가 《환주암청규》를 제정했던 환주암은 지금은 채관(음식을 먹는 곳)으로 쓰이고 있어 그 옛날 고봉 선사가 선풍을 일으켰던 청규의 정신은 찾아볼 수 없었다. 지금은 역사기념관으로 변해 고봉과 중봉의 채취를 느낄 수 있는 유물이나 자료들이 진열되어 있다. 개산노전에는 단애, 고봉, 중봉의 조상을 모시고 있다.

환주암을 지나면 세심지가 나온다. 손을 씻고 개산노전에 이르라는 뜻이 담신 세심지를 지나 계단으로 오르면 개산노전이 나온다. 개산노전은 고봉원묘 선사가 수행했던 곳으로 고봉 선사의 높은 법력에 사람들이 몰려들기 시작했다. 개산노전을 빠져나와 사관으로 가다보면 고봉 선사가 바릿대를 씻었던 세발지가 나온다. 그 옆의 무성한 차나무에서 고봉의 차 정신을 엿볼 수 있었다.

떨어지는 나뭇잎 소리에
중봉의 목소리 들려오는 듯

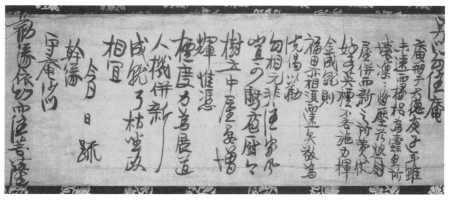

원(元)시대 묵적. 중봉명본(中峰明本) 선사가 환주암에 있을 때 남긴 것이다

고봉묘탑에서 그의 숨소리 들려오는 듯

1998년 12월 천목산에 이르렀을 때 덩그러니 놓인 중봉묘탑 앞에서 생각에 잠겼다. 중봉은 무엇 때문에 입적 후 화장이 아닌 매장을 고집했을까. 이는 중국 전통의 등신불 신앙으로 거슬러 올라간다. 그러나 당시 중봉의 묘탑은 문화

떨어져 내린 낙엽

혁명의 소용돌이 속에서 많은 훼손을 당했다고 전한다. 중국 장의 풍습의 면모를 살필 수 있는 중봉의 묘탑에서 중국선종의 또 다른 흐름을 엿볼 수가 있었다. 선승들이 입적하면, 화장을 한 뒤 부도탑을 세워 그 공덕을 후세에 길이 빛내는 것이 일반적인 불가(佛家)의 장의 풍습이다. 그러나 《불교춘추》 학술답사팀은 1999년 1월 당대(唐代)에서 명대(明代)에 이르는 선승들의 중국 유적을 답사하는 과정에서 선승들의 장의 관습은 화장이 아니라 '매장'이었음을 밝혀냈다.

즉 당대 중국 선불교를 주도한 마조도일(馬祖道一)의 수제자 남전보원(南泉普願)의 묘탑 발견은 실로 엄청난 충격이었다. 이처럼 화장이 아닌 매장을 선불교에서 선호했던 이유는 '법신은 영원하다'라는 것에서 기인한다. 일본의 예를 들어 보면 밀교 종단의 큰 스승인 고야산 홍법(弘法) 대사의 경우 아직까지 그의 육신이 살아 있다고 믿고 있다. 즉 그들은 '이 몸 그대로가 부처'라는 즉신성불

중봉명본 선사 묘탑 헌다의식을 마치고 한국의 순례자들이 탑돌이를 하고 있다

신앙을 믿으며 1년에 한 차례씩 홍법 대사의 유체에 옷을 갈아입힌다고 한다.

한국 초기 선종사를 살펴보면 고승들의 입적 이후 묘탑을 만들어 위업을 기렸으나, 고려 말쯤 사리 신앙이 전국 도처에 전파, 고승의 사리를 얻기 위해 화장이 보편화된 것으로 풀이된다. 불교의 장의 풍습인 화장은 고타마 붓다에서 비롯된다. 즉 석가는 화장 이후 진신사리로 나투었다고 한다.

중국 불교는 아직까지 등신불 신앙과 묘탑 신앙이 공존하고 있는데, 한국 불교만 유일하게 사리 신앙에 집착하고 있는 것은 왜일까.

중국 선종의 전등 법맥에서도 밝혀진 바와 같이 사조 도신(道信), 오조 홍인(弘忍), 육조 혜능(慧能) 선사에 이르기까지 등신불화된 것만 보아도 그들은 화장보다 매장을 중시여겼으며 열반 이후 수많은 이적을 통해 중국 선불교를 주도했다. 또 중국 선종의 마지막 조사로 높이 추앙받고 있는 원대의 고봉원묘와 중봉명본 선사에 이르기까지 무수히 많은 선지식이 화장을 하지 않았다.

필자는 지난해 12월 천목산 답사에서 중봉명본 선사의 커다란 묘탑지를 보고 중국 선승들의 장의 풍습이 1천여 년간 이어져 오고 있음에 놀랐다.

중봉의 묘탑을 바라보니 바람결에 중봉 선사의 가르침이 들려오는 듯 했다.

삼세(三世)의 부처님들과 역대 조사들이 남긴 한마디 말씀이나 글귀인 그것은 오직 중생이 삼계를 초월하여 생사의 흐름을 끊게 하려는 데 있다. 그러므로 말씀하시기를 "일대사인연(一大事因緣)을 위하여 세간에 출현했다. 이 일대사를 논하자면 마치 달리는 말 앞에서 씨름을 하려는 것과 같고 번갯불 빛에 바늘귀 꿰려는 것과 같으므로 그대들의 사량(思量)으로는 알 수 없으며 계교하여 분별할 수도 없다. 이 법은 사량분별로는 알 수 없다"고 하신 것이다.

세존께서는 영산회상에서 맨 마지막에 이르러 360골절(骨節)과 8만 4천 털구멍까지를 죄다 드러내 보이시니 백만 대중이 둘러싸 있었건만 이는 오직 가섭(迦葉) 한 사람뿐이었다. 참으로 이 일은 결코 쉬운 일이 아닌 줄 알겠다.

적실하고 분명하게 증득하려면 탁월한 포부를 지니고 대장부의 뜻을 내어 종전의 나쁜 알음알이(知解)와 기묘한 언구(言句)와 선도(禪道)와 불법(佛法)과 평생동안 눈으로 본 것과 귀로 들은 것을 모두 다 버리고, 위태로움과 죽음과 얻음과 사무침과 사무치지 못함 따위를 관계치 말고 크게 분발심을 내어 마치 금강 같은 날카로운 칼로 한 줌의 실을 벨 때 한 번 베면 모두 다 끊어져서 그 후에는 다시 이어지지 않는 것과 같이 하면, 당장 마음이 멍하여 뇌곤함(昏沈)과 걷잡을 수 없이 들뜬 것(散亂)이 말끔하게 없어져 실끝만치도 막히거나 걸림이 없으며 아무런 법도 생각에 걸리지 않음이 마치 갓난아기와 같을 것이다.

차를 마셔도 차 마시는 줄 모르고, 밥을 먹어도 밥 먹는 줄 모르고, 다녀도 다니는 줄 모르고, 앉아도 앉는 줄 몰라 정식(情識)이 단박에 깨끗해지고 계교(計較)가 모두 없어지는 것이 흡사 숨만 남은 시체와 같으며 또는 진흙으로 만든 인형과 나무로 깎아

만든 등상과 같게 될 것이다.

이러한 경지에 이르면 갑자기 손과 발이 미끄러져서 마음 꽃이 단박에 피어 시방세계를 훤히 비춤이 마치 밝은 해가 하늘에 뜬 것 같으며 맑은 거울이 경대에 놓인 것 같아서 찰나에 정각(正覺)을 이루게 되리니, 이 일대사만을 밝힐 뿐 아니라 위로 부처님이나 조사들의 온갖 차별된 법문(因緣)을 몽땅 아래위로 꿰뚫어 알며 불법과 세간법을 한 조각으로 만들어 날듯이 자유자재하며 물 뿌린 듯 쇄락하고, 씻어 말린 듯 정결하여 하나의 격식에서 벗어나 일없는 참 도인이 될 것이다. 이렇게 한번 세상을 뛰어나와야 비로소 평생 동안 참선하려는 뜻과 소원을 저버리지 않는다고 말하리라.

만일 생각이 흐지부지하여 시원찮고 뜻이 맹렬하고 날카롭지 못하여 조는 개처럼 멍하거나 도깨비처럼 산란하여 오늘도 내일도 그럭저럭 지낸다면 설령 20년 30년을 공부하더라도 마치 물이 돌의 표면만 적시는 것 같아서 어느덧 섣달그믐이 되면 열에 다섯 쌍이 모두 창피한 꼴이 되어 늦게 배우는 이와 처음 출가한 이들에게 존경심을 내지 않게 할 것이다. 이와 같은 놈이 나의 문하에 온다면 천이면 천, 만이면 만 모두 때려죽인들 무슨 죄가 되랴.

오늘 우리 대중들은 모두가 뛰어난 매요, 날쌘 솔개이며 또는 용이나 범 같지 않은 이가 없어서 하나를 들어 말하면 셋을 밝혀내고 눈대중만으로도 한 푼 한 냥(兩)을 다 가리거늘 어찌 그러한 처신을 하여 그럭저럭 시간을 보내겠는가. 그렇기는 하나 바로 이러한 때를 당하여 필경 무엇을 일대사라 말할 것인가.

말한다면 그대에게 주장자로 30대 때릴 것이고, 말하지 않더라도 또한 때릴 것이다. 왜냐하면 주장자를 한번 내려치고 말씀하시기를 고봉의 문하(門下)에는 상과 벌이 분명하기 때문이다.

내가 여기에 와 24년 동안 늘 병중에 있으면서 의원을 찾고 약을 먹으며 온갖 고생을 다 겪었으나 병이 고황(膏肓) 깊은 곳까지 들어 치료할 약이 없는 줄을 누가 알았으랴. 그 후 쌍경에 이르러 꿈속에서 단교(斷橋) 화상께서 주신 약[丹]을 먹고 엿새째 되던 날 뜻밖에도 앙산(仰山) 노화상께 맞았던 독(毒)을 우연히 터뜨리니 당장에 혼이 날아가고 넋이 흩어져서 죽었다가 다시 살아났는데 그때 온몸이 가뿐함이 마치 120근의 짐을 벗어버린 것과 같았다.

그후 조계 후학인 동광 스님과 함께 천목산을 찾았을 때 산천은 바뀌었으나 고봉묘탑은 예나 지금이나 변함없었다. 그 앞에서 향 하나를 피우고 중봉 선사 앞에 예를 올린 뒤 고봉원묘가 개당한 개산노전(開山老殿)으로 올라갔다. 개산노전은 현재 박물관으로 단장했는데 고려심왕이 중봉명본 선사에게 전해 준 중봉명향법의(中峰名香法衣)를 보유하고 있었다. 원 인종(仁宗) 때 고려 왕자 부마태위(駙馬太尉) 심왕왕장(沈王王璋)이 천목산으로 명본을 찾아가 가르침을 구한 바 있다. 중봉명본 선사는 그에게 승광(勝光)이란 법명과 진제(眞際)란 호를 지어주었다. 왕장은 사자암 아래 정자를 짓고 수행했다고 전한다.

기황후를 통해 드러난 원대 선종의 중심
천목산과 중봉명본과 태고보우 국사

대만고궁박물관에 소장된 기황후 초상화

원나라 마지막 황후인 기황후가 2013년 말 TV를 통해 50부작 드라마로 방영되면서 뜨거운 관심이 모아지고 있다. 이토록 반응이 뜨거운 까닭은 그녀에 대한 역사적인 평가가 좋지 않기 때문이다.

기황후(奇皇后 · ?~?)는 고려 출신으로 공녀(貢女)들 틈에 끼어 원나라로 끌려갔다. 그녀는 고려 출신 환관인 고용보(高龍普 · ?~1362)의 주선으로 황실 궁녀가 되었다. 그 후 순제의 눈에 띄어 1340년 3월 제2황후의 자리에 까지 오른 인물이다.

그녀는 원뿐 아니라 고려의 정치에도 내정간섭을 했으며, 그의 외가는 막강한 힘을 가지고 있어 고려 왕실은 기씨 집안의 눈치를 보지 않을 수 없었다. 더욱 이 기황후는 공민왕이 즉위하고 원나라의 국세가 기울어져 불안을 느낀 기철과 함께 반란을 일으켜 충선왕의 셋째 아들인 덕흥군을 왕으로 세우려 고려를 침공하기도 했다. 그러나 공민왕에게 발각되어 기씨는 멸문을 입는다. 그러한 역사적 사실을 좋게 볼 수 없는 만큼 고증의 문제로 드라마가 관심을 받는 것은 어찌보면 당연한 일이라 생각된다.

이러한 논란 틈에 원대 선종을 살펴보다가 문득 중봉 선사가 눈에 들어왔다.

기황후 통해 드러난 한국 선종과 원대 선종

원나라 고승 중봉은 항저우 천목산에서 수행을 했다. 그것은 고봉원묘 선사의 전법제자인 중봉 선사가 고려의 왕자 왕장(王璋)에게 법유를 전한 깊은 인연 때문이었다. 고봉 선사가 수행했던 개산노전은 현재 역사기념관으로 쓰이고 있는데 중봉 선사가 왕장에게 내린 가사와 발우도 소장되어 있다. 그러한 까닭에 오랜 기간 천목산을 주목했다.

중봉은 천목산의 환주암에 머물면서 《환주암청규》를 편찬했다. 원 연우 4년(1317)에 편찬한 《환주암청규》는 백장회해의 《백장청규》의 정신을 잇는 의미에서 편찬된 듯하다. 그의 선학을 높이 추앙했던 원의 인종(1311~1320)은 그에게 금란가사와 불자원조 광혜 선사(佛慈圓照 廣慧 禪師)라는 호를 내렸다. 연종(1320~1323)도 그에게 귀의하여 금란가사와 향을 내렸다.

우리가 중봉을 주목하게 된 데는 고려의 왕장이 중봉 선사에게 귀의하여 출가 한 후 천목산 사관 아래에서 수행했다는 사실 때문이다. 따라서 중봉명봉은 직간접적으로 한국선종과 연결된다.

2010년 가을 천목산을 찾아 고봉원묘 선사에게 차공의식을 올렸다. 다음은 허베이 차 연구가인 수만 선생이 〈한국선차계 천목산에서 고봉원묘 선사 차제(茶祭)〉라는 제목으로 〈용정신문〉에 기고한 글이다.

고봉원묘 선사의 교화의 힘 때문에 오월(吳越) 선풍이 몇 년 동안 부흥을 이루었다. 그 전법제자 중 중봉명본(中峰明峰) 선사도 일대국사(一代國師)가 되었다. 중봉명본은 연이어 사자정종선사(獅子正宗禪寺), 대각정등선사(大覺正等禪寺) 등을 중흥시켰다. 그 후 서천목산은 임제종의 중흥을 이룬 불가의 주요한 명산이 되었다. 중봉 선사의 법력이 알려지자 많은 승려와 학인이 선법을 배우기 위해 일본, 고려에서 끊이지 않고 찾아왔다. 1319년 자칭 '해인거사(海印居士)'라는 고려왕자가 어향(御香)을 들고 산에 들어와 중봉 선사를 참배하며 가르침을 구했다. 중봉은 법명 '승광(勝光)', 자(字) '진제(眞際)'를 내려주었다. 또《진제설(眞際說)》에서 다음과 같이 말한다.

이와 같이 진제는 만법과 같으며 만법은 진제와 서로 통한다. 미혹에서 진제가 만법이고 유일하게 깨달은 것에서 만법은 진제이다. 미오(迷悟)를 모두 없앴고 득실(得失)이 서로 융합하며, 진(眞)이 없는 것이 진이 존재하는 것이며 제(際)가 모습이 없는 것이 제가 널리 퍼진 것이다.

왕장은 진제설을 듣고 감격하여 사자암 아래 진제정(眞際亭)을 짓고 정자에 비를 세워《진제설》을 새겼다.

필자는 한국선차계 대표들과 천목산 사자암을 찾았는데 암석이 웅장한 '고봉탑원(高峰塔院)'에 도착하였다. 그곳은 암석의 형태가 사자머리와 비슷하여 '사자암'이라는 이름을 얻었다. 암석의 움푹 들어간 부분은 사자 입을 닮았다. 샘물을 길어다가 물을 끓여 차를 우리고, 꽃 잎을 펼쳐 '사관' 동굴 앞에 찻자리를 마련했다. 꽃, 등, 향, 차와 함께 경건한 마음으로 고봉 선사에게 예를 올린 후 차의식이 행해졌다. 올린 차는 사람들의 손으로 전달되어 그 차를 조금씩 마시면서 한국 학인들에게 조사 법맥이 전해지고 있음을 느꼈다.

2013년 9월 《백장청규》의 발상지인 장시성(江西省) 봉신현 백사장에서 제8차 세계선차문화교류대회를 개최하게 되었는데 자료를 살피다가 동양덕휘가 순제의 칙명으로 《칙수백장청규》를 편찬한 사실을 알게 되었다. 기황후를 통해 다시 원대 선종과 《칙수백장청규》가 드러난 것은 귀한 인연이 아닐 수 없다.

원대 선종과 한국 선종계

원대 선종의 중심은 천목산과 하무산이었다. 필자가 원대 선종을 주목하게 된 것은 태고보우 국사가 고려 말 원나라의 고승인 석옥청공 선사에게 인가받고 돌아와 고려에 선불교를 전해 준 인연에서 비롯되었다. 필자의 주도하에

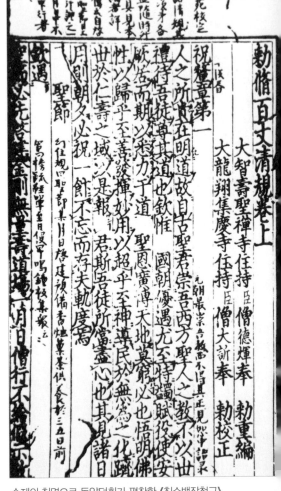

순제의 칙명으로 동양덕휘가 편찬한 《칙수백장청규》

2008년 12월 중국과 공동으로 하무산에 한·중 우의정을 건립하고, 그 자리에 〈태고보우 헌창기념비〉를 세웠다. 그렇게 후저우와 깊은 인연을 맺어왔다. 때문에 석옥청공비에 기록된 '금린이 곧은 낚시에 올라온다'라는 시구를 전해주어 태고보우 국사를 인가한 석옥청공에게 큰 감동을 받은 바 있다.

〈태고보우 국사 헌창기념비〉 앞에서 다례제를 올리고 탑을 돌고 있는 모습

난징대 홍사우핑(洪修平) 교수는 〈원대 선종 법맥에 대한 소고〉에 다음과 같이 피력했다.

중국선종은 당·송의 흥성과 발전을 거친 후 원대에는 쇠퇴기를 맞았다. 비록 원·명·청 시기 선종의 전법을 계속 이어나갔지만 불교의 각 종파 중에 가장 흥성했다거나 사상면에서의 큰 발전이 없었다. 그러나 후에 기타 불교 종파 및 중국 전통사상문화의 융합을 꾀하였으며, 보다 진일보한 송대에는 선교겸중(禪敎兼重), 선정쌍수(禪淨雙修)의 특성을 발전시켰다.

원대의 제왕(帝王)은 라마교를 숭봉하였다. 그와 동시에 한지(漢地) 전통불교에 일정한 지지를 주었다. 지원(至元) 2년(1265) 원세조 유총통소(諭總統所) 승려의 5대 부경자(五大部經子) 중에서 선거하였으며 덕업자(德業子)를 주군(州郡) 승록(僧錄)으로 하였고 판정(判定), 부도강(副都綱) 등 직함을 가지게 되었다. 그리고 각로(各路)에 삼학강(三學講), 삼학회(三學會)를 설치하였다. 이것으로 조정에서 불교를 중시하여 '삼학'을 제창하였음을 알 수 있다. '삼학' 즉 계·정·혜는 불교 내용의 전체 개괄이며 이것은 원대 불교의 분류이다. 《원사(元史) 석노전(釋老傳)》중에는 '若夫天下時院之領干內外宣政院, 日禪, 日敎, 日律, 則固各守基業'이 나온다. 선·교·율 중에서 선종은 명상 야율초재(耶律楚材)와 대신 유병충(劉秉忠)의 지지로 일정하게 유행하였다.

원나라 징기스칸의 후손들은 송을 무너뜨리고 대원제국을 건설하면서 주변국을 점령해 나갔다. 자연스레 고려는 원의 간섭을 받지 않으면 안되는 상황이었다. 이러한 시대적 배경 속에서 태고보우 국사가 원나라에 들어가 황제로부터 특별 대우를 받고 만수무강을 비는 법문을 올린 점에 대하여 역사적 평가가 엇갈리기도 했다. 그 법문을 살펴보자.

"지금 황제는 정치하는 여가에 선에 마음을 두어 바른 법을 드날리시니 불법문중의 의지처입니다. 스님께서 어떤 법으로 황제의 은혜에 보답하시렵니까."

"글자 없는 도장을 자재하게 활용해서 우리 황제의 억만년 수명을 축원하노라."

"이 절의 공덕주이신 원사(院使)·상공(相公)과 여러 관리와 재상들이 불법을 공경하고 존중하여 훌륭한 인연을 지었으니 상서가 있겠습니다."

"기린과 봉황이 상서로이 비치고 거북와 용이 대도(大都)에 내리리."

한 스님이 나와 물으려 하자 스님께서는 불자(拂子)를 들어 보이며 그를 막고 말했다. "문답은 그만 두어라. 비록 아승지(阿僧祇)의 부처님이 한꺼번에 나와 제각기 걸림 없는 광장설(廣長舌)을 내되, 그 혀마다 다함이 없는 말의 바다를 내고, 그 말마다 다함이 없는 말재주를 갖추어 한꺼번에 백천 가지로 따져 묻더라도 나를 감당하지 못할 것이요, 호통 한 마디로 모두 답한 것이다"라고 일할 했다.

이날 법문을 이후로 태고보우는 친원(元)이 되었다 말하고 있다. 하지만 원에 볼모로 끌려갔던 충숙왕의 둘째아들인 공민왕은 연도(燕都)에서 태고보우 국사의 법문을 듣고 감격하여 자신이 왕위에 오르면 태고보우를 국사로 책봉하겠다고 맹세했다. 마침내 왕이 된 공민왕은 그를 왕사 국사로 모셨다.

원의 지지를 받고 귀국한 태고보우 국사는 왕사에 봉해져 원융불교를 만들고 선불교의 대중화에 앞장섰다. 태고보우 국사는 당시 그의 문도에 이성계 등이 있을 정도로 엄청난 영향력을 가진 인물이었다.

원나라 시기 태고보우 임제선 전파

원나라는 임제종이 평천하를 이루었고 북방의 해운인간과 남방의 설암조흠, 고봉원묘 일계가 장악했다. 이들은 양기파로 설암조흠 – 고봉원묘 – 호구소륭 – 천동함걸 – 송원숭악 – 파암조선 – 경산문준 – 설암혜당 – 급암종신 – 석옥청공으로 이어졌다.

그 맥을 태고보우가 이었고 원나라와 특수한 관계에 있던 태고보우 국사를 통해 고려의 선불교를 원융화쟁 회통사상으로 회귀시켰다. 1990년 대 중반까지만 해도 임제선을 이어온 하무산은 폐허에 잠겨 있었다. 그러나 1996년 필자가 처음으로 태고종 종정을 지낸 덕암 스님을 모시고 임제법손과 하무산을 찾은 것이 계기가 되어 한·중 교류 역사의 한 페이지를 장식했다. 당시 원나라 선종의 중심이었던 천목산을 파헤치면서 하나씩 밝혀진 사실에 벅찬 감격에 젖기도 했다. 조사의 흔적을 찾기 위해 10년간 하무산을 찾아가 그들을 설득하고 중요성을 강조하여 마침내 2008년 하무산에 〈태고보우 헌창 기념비〉가 세워지면서 한·중 우의를 돈독히 했다.

석옥청공, 고봉원묘, 중봉명본 선사, 태고보우 등 한·중 우의를 돈독히 다

〈태보보우 국사 헌창기념비〉를 찾은 한국 선차문화 교류단

진 선승들의 꾸준한 움직임이 없었더라면 선종은 단절되었으리라고 보인다.

순제를 통해 《칙수백장청규》가 편찬되어 선가의 청규정신을 되살린 역사적 사실을 음미해 보았다. 지금도 하무산 정상의 한·중 우의정 대련에는 '하무산에 중국과 한국의 선풍이 동일한 맥으로 비추고 있다'라는 글이 걸려 있다. 그 글에서 원과 고려의 숨막히는 정치이면에 선종을 통한 보이지 않은 화평정신이 드러나고 있었다.

강물은 예나 지금이나 변함이 없는데 인걸은 사라지고 없었다. 그러나 지금 원대 선종의 베일이 벗겨지면서 태고보우 국사가 한없이 드높여지고 있다. 그에게 차를 한 잔 올리며 그의 법이 천추에 빛나길 두 손 모아 빈다.

고려 왕자 왕장王璋의 자취가 선연한
천목산은 원대 차문화의 메카

고려 출신 기황후가 차를 일으켰던 사실이 〈차의세계〉 2014년 1월호에 전격 공개되면서 차계에 일파만파로 번져 나갔다. 기황후를 통해 함께 등장한 고려 26대 왕인 충선왕(忠宣王 · 1275~1325) 역시 뜨거운 관심을 모으고 있다. 그러나 차가 사람들 중 일부는 《동국여지지》 같은 문헌을 들고 나와 차계를 혼란스럽게 만들어 가고 있다고 말하는 사람도 있다. 그러나 대부분은 '기황후의 차'에 놀라워했다. 〈불교신문〉은 본지 기사를 인용하여 '기황후를 통해 차의 한 페이지를 장식했다'고 발 빠르게 보도한 바 있다. 이제 기황후를 통해 드러난 원대 차사를 자세히 들여다본다.

원대 차문화 중심에 선 기황후

초원을 누비던 유목민들은 차 마시는 법을 간소화하려 했고 송나라에 유행한 단차(團茶)보다 산차(散茶)를 선호했다. 원(元, 1271~1368)은 수도를 연경 (지금의 베이징)으로 옮기고 주변 국가를 정벌해 나갔던 1276년 무렵 임안(지금의 항저우)까지 무혈함락시키면서 송나라의 화려한 문화를 받아들였다. 그 시기 임안을 중심으로 한 천목산에는 임제선(禪)의 맥이 뛰고 있었다.

원대 차문화가 후저우를 중심으로 이루어진 까닭은 1월호에 밝혔 듯 인근의 하무산과 천목산을 중심으로 차문화가 전개되었기 때문이다. 그 중심에 중봉명본 선사가 있는 까닭은 중봉과 인연이 깊은 조맹부가 〈투다도〉를 남겼고, 고려 왕 부마태위 심왕왕장이 천목산으로 중봉 선사를 찾아가 법을 구했기 때문이다. 더욱이 중봉은 《환주암청규》를 남겨 순제의 칙명으로 만들어진 《칙수백장청규》와 직간접적으로 연결된다. 그러한 까닭에 천목산과 중봉은 원대 차사의 중심에 있다고 할 수 있다.

명나라 송렴(宋濂)이 쓴 《원대차사(元代茶史)》는 '황제의 칙령으로 차의 관리에 흔들림이 없도록 하였다. 소금과 차의 제조와 허가를 담당하는 대사 한 명과 전운사를 두었다'고 기록한다. 이처럼 명나라 때에도 차를 소중히 다루고 있었음이 원대 차사에도 드러나고 있었다.

《원궁사(元宮詞)》에는 고려 출신 궁녀가 황후에 오르자 고려의 복식과 여악이 유행했다고 기록되어 있다. 또한 기황후로 인해 고려의 차가 전해졌는데, 원나라 중신인 유병충(劉秉忠. 1216~1274)의 〈고려차를 맛보네(試高麗茶)〉라는 시가 이를 말해 준다.

含味芬芳久始眞	향기를 오래 음미하니 진미가 시작되니
咀回微澁得甘津	쓴맛이 조금 나다 단 진액이 도는구나
萃成海上三峰秀	바다 위에 세 봉우리의 정수를 이루니
奪得江南百苑春	강남 백원의 봄을 얻었네
香襲芝蘭關窈氣	향은 지란과 같아 오관에 퍼지고
淸揮水雪爽精神	맑음이 빙설처럼 퍼져 정신을 상쾌하게 하네
平生塵慮消融后	평생의 티끌을 사라지게 해 융화된 후
餘韻侵侵正可人	여운이 점점 더 바로 마음에 드는구나.

원 시기에 임제종을 꽃피운 천목산

유병충은 원대 야율초재 이후 선을 좋아했던 대신 중 한 사람으로 일찍이 임제종 해운인간(海雲印簡)의 제자로 지식이 풍부하여 많은 사람들로부터 존경을 받아 왔다. 임제종이 크게 번성하게 된 데는 유병충과 같은 대신이 있었기에 가능했던 것으로 보인다.

고려 왕자 왕장, 충선왕에 오른 뒤 문화를 꽃피우다

고려 왕자 부마태위 심왕 왕장은 기황후 이전 원나라에 나가 출가한 뒤 왕위에 올랐다. 왕장은 1277년(충렬왕 3) 원나라로 건너가 중봉명본 선사를 찾아가 출가를 결행했다. 중봉은 그에게 법명을 승광(勝光), 자(字)는 진제(眞際)라고 내려 주면서 진제설(眞際說)로 가르침을 전했다.

왕장은 '진제는 만법과도 같으며 만법은 진제와 서로 통한다. 미오(迷悟)를 벗어나 득실이 서로 융합하여 진(眞)이 없는 것과 진이 존재하는 것이 제(際)의 모습이 없는 것이 널리 퍼져 나간다'라고 쓴 '진제설'을 읽고 감격하여 사자암 아래 진제정(眞際亭)을 짓고 좌측에 '진제설'을 새겨 두었다. 왕장은 수행 끝에 중봉명본 선사로부터 '인생은 마치 환상 속에 환상같고 진세(塵世)에 만난 누구인가[父母未生前 本來面目]'라는 게송을 받고 귀국하였다.

그 후 1291년 고려국 왕세자로 책봉되었고 1296년 11월 원나라의 계국대장 공주와 결혼하였다. 원의 지배를 받았던 고려는 원나라의 영향 아래 있었다. 왕장은 원으로부터 심양왕과 고려왕이란 직책을 동시에 받았다. 왕장은 원나라에서 고려로 귀국한 뒤 왕위에 올라 불교에 영향을 끼쳤다. 충선왕의 부인 숙비(淑妃)가 발원하고 김우문(金祐文), 이계(李桂), 임순(林順) 등이 그려 1310년 5월 완성한 〈양류수월관음보살도〉는 일본 가가미신사(鏡神社)에 소장되어 있다.

차의 한류 바람 거세다

원대 차사가 드러나면서 기황후에 대한 관심이 높아지기 시작했다. 차 애호가들이 방영 중인 〈기황후〉를 빠지지 않고 보는지 기황후 신드롬이 일어나기 시작했다. 그러나 기씨 문중은 소극적인 태도를 보였다.

〈차의 세계〉 기황후 특집을 꼼꼼히 살펴 본 독자들은 중국에 있을 거라 생각했던 기황후 능이 한국 연천에 있는 것을 알고, 향과 차를 올려 그의 넋을 위로

하고 싶다며 연락해왔다. 방송이나 매체의 위력이 높다는 사실을 실감할 수 있었다. 그간 잊혀 왔던 차문화가 기황후를 통해 되살아나는 것 같았다.

원대 차사에서는 쓰촨을 주목했는데 당시 성도의 소금 공장 905곳이 여러 산중에 흩어져 있었다. 지원 2년 원흥과 쓰촨에 전은사를 두어 오로지 차와 소금을 관장케 하였는데 지원 8년 만에 폐지한 후 다시 산시(陝西)까지 확대하여 쓰촨 전은사에서 모든 과정을 통괄했다. 당시에 차와 소금이 얼마나 중요했는지 보여주는 대목이다.

원 황제 순제가 고려의 여인을 황후로 맞이하자 고려 문화가 유행했고 그중 고려 언어를 배우려는 풍습도 있었다. 이처럼 고려 문화가 유행하면서 자연스럽게 두 나라의 차문화가 교류된 것으로 보인다.

사람들의 마음을 하나로 결집하는 정월대보름날, 기황후 능 앞에 모여 솟대를 세우고 보름달을 바라보며 그의 영혼을 위로하기로 했다. 기황후 사후 600년 만에 차로 회향하여 그의 영혼을 위로함은 참으로 기쁜 일이 아니던가.

중봉묘탑을 찾아
한국 차계에서 처음 올린 헌다례

강남고불(江南古佛) 중봉(中峰) 선사에게 올린 헌다례(獻茶禮)

하늘의 눈을 닮은 천목산(天目山)은 한국 선종계와 인연이 깊은 곳이다. 2013년 제8차 세계선차문화교류대회를 마치고 한국 선차문화대표단이 천목산을 찾아간 까닭은 중국 원나라 때의 고승인 고봉원묘 선사와 그의 제자인 중봉명본 선사가 고려의 왕자인 왕장(王璋)에게 법유를 전한데 깊이 감격한 바 있기때문이다.

저자는 그 같은 인연을 듣고 10여 년간 여러 차례에 걸쳐 천목산을 찾았다. 천목산을 다시 찾은 이날 천목산 칠채(七彩) 여행절을 맞아 축제분위기 속에 잠겼다. 2011년 한국선차문화대표단은 고봉사관 앞에서 헌다례를 올린 바 있는데 이번에는 고봉 선사의 전법제자인 중봉명본 선사에게 헌다례를 올려 의미가 새로웠다. 2010년에 이어 이번에도 숙우회(대표 강수길)의 번기(幡旗) 다법으로 중봉 선사 묘탑 앞에서 헌다를 올리고 《반야심경》을 독송한 뒤 중봉 선사 묘탑을 한 바퀴 도는 것으로 회향 하여 그 의미가 새로웠다.

중봉 선사 묘탑 앞에 헌다를 올리던 날

2013년 10월 18일 제8차 세계선차문화교류대회가 끝나고 송광사 전 주지 현봉 스님과 관음종 총무원장 홍파 스님, 보림사 주지 일선 스님, 부산 숙우회, 반야로차도문화원 등 50여 대표단이 천목산에 이른 때는 늦은 오후였다.

2년 전 고봉 사관 앞에서 헌다례를 올린 뒤 그 여세를 몰아 그의 전법 제자인 중봉명본 선사에게 차를 올렸다. 한국선가에《고봉선요》와《중봉 화상광록》은 오랫동안 읽혀 왔고 그러한 까닭에 한국의 차로 차공의식을 올리게 되어 더욱 기뻤다.

중봉은 고봉의 법을 이은 임제종 양기파다. 고봉의 으뜸가는 제자로 스스로를 환주도인(幻住道人)으로 불렀다. 항저우 전당 출신으로 속성은 손씨이고 9살 때 어머니를 잃고 15살 때 출가할 뜻을 가졌다. 24살 때인 1268년, 서천목산 사자암에서 수행하고 있던 고봉원묘 선사를 찾아가 그 다음해에 출가했다.

1288년 구족계를 받고 다음해 고봉의 법을 이었다. 스승이 입적할 때 대각사(大覺寺)를 물려주었지만 제일좌

(第一座)는 다른 스님에게 물려주고 산을 내려왔다. 중봉은 '환주암'이라 이름 붙이고 사처(四處)를 두루 편력하면서 일정하게 머무는 곳 없이 주류했다. 후에 천목산으로 다시 돌아와 수행했다. 지금도 천목산에는 환주암이 남아 있는데 중봉이 머무르면서 붙여진 이름이다. 한때는 다관으로 사용했하였고, 《환주암청규》를 만들어 수행의 지침을 삼기도 했다. 중봉은 덕이 높아 도속(道俗)이 그에게 귀의하고 존경하였다. 또한 강남고불(江南古佛)이라 불렸다.

지금도 천목산 개산노전 앞에는 '강남고불'이란 현판이 걸려있다. 중봉 선사가 환주암에서 수행하고 있을 때 한 객승이 찾아와 중봉 선사에게 여쭈었다.

"고봉 스님께서 제자들에게 수계했을 때 손가락을 태우게 했다는데 제방(諸方)에서는 이것을 보고 이상하게 생각하지 않은 이가 없었습니다. 정말 고봉 스님이 그랬습니까?"

중봉이 말했다.

제6차 세계선차문화교류대회를 마치고 한국 선차 대표단이 중봉명본 선사묘탑을 찾아 헌다 의식을 거행하는 모습이다

"나도 또한 그런 소문을 직접 듣고, 스님께 여쭈어 보았습니다. 그랬더니 스님께서 이렇게 말씀하셨습니다. "이상할 것이 없다. 저들이 방편임을 알지 못해서 그런 것인데, 난들 어찌 모르겠느냐" 달마 대사께서 홀로 전하신 성품을 바로 가리키는 선은 문자(文字)도 쓰지 않았는데 무슨 계(戒)를 주고 받겠습니까? 그러나 달마 대사께서 계율을 말씀하지 않은 것은 두 가지 이유가 있기 때문입니다. 첫째는 근본 종지(宗旨)만을 투철하게 관찰하게 하려고 그런 것이고, 둘째는 제자들을 믿었기 때문입니다. 첫째의 '근본 종지만을 투철하게 관찰하게 했다'는 뜻은 달마 대사께서 오로지 부처님의 심인(心印)을 전하는 것으

로써 종을 삼았다는 것입니다. 오직 바로 가리키는 것에만 힘을 기울여 단 한 번에 훌쩍 깨달음의 자리에 들어가게 했을지언정, 대·소 2승(二乘)의 단계를 차례차례 거치도록 하지는 않았습니다. 그 종지가 이와 같으므로 계율을 말한다면 벌써 잘못입니다."

중봉명본의 선학사상을 살펴보건데 고봉원묘의 사상적 흐름을 잇고 있다. 즉 '선은 마음을 떠나지 않으며 마음 역시 선을 떠나지 않는다. 선과 마음은 이명동체(異名同體)일 뿐이다'라고 자주 말해 왔다.

이와 같은 말은 고봉의 자연입진무심삼매(自然入珍無心三昧)의 사상적 맥락을 잇고 있다. 중봉이 천목산 환주암에서 수행하고 있을 때 한 객승이 찾아왔다. 그때도 지금처럼 달이 밝아 대낮처럼 방안을 밝혔다. 객승이 중봉 선사에게 물었다.

"불교안에 알음알이로 따지는 경우도 있는데 육바라밀의 하나인 선정(禪定)과 달마 스님의 직지의 선(直旨之禪)이 동일하다고 합니다. 즉 달마 스님의 선과 다른 이승(二乘)의 선이 통용되었다는 말을 스님께서는 어떻게 생각하십니까."

중봉 선사가 대답했다.

"그것은 비방입니다. 달마 스님이 전한 선(禪)을 모르는 것입니다. 4선8정(四禪八定)의 선법에 달리 어떤 선도 없습니다."

징기스칸 이후 원나라 선종은 후저우(湖州)를 중심으로 한 천목산과, 하무산을 중심으로 한 파암조선(?~1186) 일파에 의해 발전되어 갔다. 더욱이 원대에 이르러 중봉 선사의 선법이 널리 전해졌다. 1318년 아유르바르와다(인종·1311~1320)가 그에게 금란가사와 불일보조혜변 선사라는 호를 내려주기도 했다. 더욱이 명나라를 건국한 태조 주원장의 예우를 받기도 했다. 아울러 불교사상 처음 국초 제일 종사(國初第一宗師)의 칭호를 받았다.

중봉 선사가 한국 선종계와 닿은 까닭은 그의 사상적 흐름이 일치할 뿐 아니라 조맹부와 교류한 점에서도 찾을 수 있다.

제8차 세계선차문화교류대회를 열었던 창싱현 인근에 하무산이 있는데 고려 말 태고보우 선사가 석옥청공 선사에게 법맥을 이어준 곳으로 고려와 연관이 있다. 더욱이 원나라 시기 임제종을 대표하는 파암조선 선사 이후 무준원조(無準圓照) - 설암혜당(雪巖惠郞) - 급암종신(及庵宗信)을 거쳐 석옥청공에게 이어짐으로 한국 선종과 직간접적으로 연결된다. 뿐만아니라 중봉은 《환주암청규》를 제정, 백장 선사 이후 청규정신을 이어갔다. 1336~1343년 사이 순제의 칙명으로 동양덕휘가 펴낸 칙수《칙수백장청규》를 편집한 일이 예사롭지 않았다. 그것은 중봉이 입적한 43년 뒤의 일이다.

중봉명본 묘탑 앞에서 헌다례

고려의 왕장 이후 천목산을 찾은 한국의 선차문화대표단은 단풍으로 붉게 물든 천목산에서 안개가 천목산을 에워싼 모습을 바라보았다. 숙우회는 중봉탑원 앞에 찻자리를 펴고 우주만물을 상징하는 다포를 깔아 그 위에서 차를 우려냈다.

불보살의 덕을 나타내는 숙우회의 번기(幡旗)로 정성껏 차를 우린 뒤 고봉원 묘 탑 앞에서 차 공양을 올렸다. 그 뒤 현봉 스님의 집전으로 《반야심경》을 읊고 중봉묘탑을 돌며 나무아미타불을 염송했다.

이번 한국선차문화대표단이 중봉 선사묘탑에 올린 차공의식은 한국의 선이 뿌리내리는데 일조한 중봉 선사의 덕을 기리려는 염원에서 이루어 졌다.

한국선가에 영향을 끼친 중봉묘탑 앞으로 낙엽이 떨어져 내렸다. 문득 대일강(戴日强)이라는 사람이 남긴 시가 떠올랐다.

중봉탑조망(中峰塔眺望)

禪關杳靄落疏鐘	조용한 선관에 우거진 나무가 떨어져 종소리가 트이니
老衲梵香禮梵容	노납이 향을 피우고 범용(梵容)에 예를 올리네
悟道孤松空翠遠	오도고송의 하늘이 멀리까지 푸르니
參天雙樹綠蔭濃	높이 솟은 두 그루의 나무가 짙게 푸르구나
山連吳越雲千里	연산에 오월 구름이 천리까지 이어지고
日映蔥菁影萬重	태양이 비추니 푸른 그림자로 가득하네
擧目直超沙界外	눈을 들어 바로 바깥 세계를 초월하니
茫茫大海總朝宗	망망대해가 모두 조종이구나.

– 대일강(戴日强)

맺는말

대혜와 고봉의 구법길에서
간화선의 진면목 만나다

대혜와 고봉의 자취를 찾는 구법길은 애초에 간화선의 실체를 탐색하려는 시도였다. 그러나 770년이 흐른 지금 대혜의 자취를 찾는 길은 그리 간단한 일이 아니었다. 저 멀리 난징 막부산 달마 동굴에서 시작된 대혜 탐사는 저장성 천동사에서 마무리 되었다. 15개월간 계속된 구법의 길은 대혜의 숨결을 느낄 수 있는 벅찬 감격의 순간들로 이어졌다.

그중 지에위엔(界源) 방장과의 다담은 저자로 하여금 간화선에 눈을 뜨게 하여 대혜를 다시 찾게 만든 일대 사건이었다.

2008년 여름 아육왕사 방장실에서 지에위엔 방장과 이런저런 이야기를 나누다가 대혜종고의 간화선에 대해 여쭈었다. 지에위엔 방장은 "요사이 선학을 하는 학자들이 자기식 견해로 대혜를 말하려 하는데 이는 크게 잘못된 시각이다"라고 말했다.

저자가 "스님께서는 왜 그렇게 생각하십니까"라고 묻자 "대혜가 살던 시대의 풍습과 생활, 모습을 잊고 자기의 견해로 대혜를 보려 해요. 사실 유랑 생활을 했던 대혜의 정신을 알아야 합니다. 그래야 대혜가 살던 시대에서 그의 정신세계를 살펴볼 수가 있지요. 그러나 요사이 대혜를 연구하는 이들은 그렇지 않은 것 같습니다. 사람들은 겉모습만 보고 간화선이며 조동선을 말하고 있지요"라고 답했다.

다시금 "대혜의 간화선 정신을 이 시대에 이끌어 내야 되지 않습니까"라고 묻자 "그렇지요. 송나라 시기 아육왕사를 실질적으로 이끈 이는 대혜종고입니다. 이곳 도량에 물이 없자 샘을 파서 물이 솟구치게 만든 이도 대혜입니다. 그래서 대혜 시대의 선을 말하는 사람이 그립습니다" 하고 말씀을 마치셨다.

고우 스님의 '중국에 고적은 있어도 눈 밝은 선지식은 없다'는 말이 불문율처럼 회자되고 있는 한국선종계에서 아육왕사 지에위엔 방장의 말씀은 한 번쯤 귀담아 들을 필요가 있는 대목이다. 그 뒤 저자는 지에위엔 스님처럼 대혜의 정신을 올곧게 지켜 가는 이가 있는지 궁금해졌다. 그리고 다음 해 대혜의 자취를 찾는 탐사는 그렇게 시작되었다.

15개월 동안 대혜의 자취를 따라 안후이성, 장쑤성, 저장성, 푸젠성 등 대혜와 연고가 있는 곳곳을 탐사했다. 대혜가 깨달음을 이룬 개봉 천녕사와 대혜의 고향 안후이성 선주를 빼고는 거의 탐사했다. 이는 깨달음의 체험을 중시하는 간화선이 오조법연, 원오극근의 두 맹주에 의해 싹트고 대혜에 의해 열매를 맺은 결과이다. 송·명·원·청을 거치는 동안 많은 변화를 거쳐왔지만 그나마 설암조흠과 고봉원묘가 나와 임제종을 번성케 하였다. 당시 북방에서는 해운인간(海雲印簡)이 남방에서는 설암조흠(雪巖祖欽)이 임제종의 선풍을 떨치고 있었다.

해운인간(1202~1257)은 산시성(山西省) 남곡 영원(寧遠) 사람으로 속성은 송(宋), 자는 해운(海雲)이다. 11세에 구족계를 받고 그 후 사방을 유람한 뒤 참선에 몰두하다가 19세에 연나라에 들어가 대경수사(大慶壽寺)의 중화장(中和璋)을 청하여 인가받았다.

인장 선사는 양기방회(楊岐方會)의 수제자 백운수단(白雲守端)의 문하 오조 법연 계통이다. 그래서 임제종의 선법은 하나의 맥으로 해운인간이 북방에서, 설암조흠이 남방에서 크게 떨쳤다. 당시 임제종은 북방보다는 남방에서 크게 발전되어 설암조흠, 고봉원묘 일계로 번성했다. 대혜가 싹틔운 간화선을 만개시킨 이가 고봉원묘다. 당시 남방의 임제선이 두각을 나타내자 고려 말 태고보우 국사 또한 석옥청공으로부터 임제의 법맥을 이어받았다. 그런 영향으로 조계종 강원 교재에 대혜의《서장》과《고봉》의 선요가 오랫동안 정착되었는지도 모른다.

대혜의 자취를 찾다 보니 석옥과 태고보우 역시 만날 수 있었다. 임제의 선법이 고려에 전해진 것은 대혜가 일으킨 간화선이 석옥청공을 통해 고려로 전해졌기 때문이다. 대혜의 선법이 한국으로 이어져 왔음에 강한 자부심을 느꼈다.

꺼지지 않은 간화선 물결

2007년 봄, 하늘 눈을 닮은 동천목산을 탐방한 적이 있었다. 그때 한 수행자가 흐르는 물을 손으로 받쳐 마신 뒤 개울을 건너가려 했다. 그 때 저자가 다가가 말을 건넸다.

"스님, 조금 전에 맛본 물맛이 어떠했습니까?"

"산천의 정기가 흐르는 물맛이 수행을 재촉하는 것 같습니다."

"혹여 대혜종고를 아십니까?"

"그대가 어찌 대혜종고를 말합니까?"

"대혜의 간화선을 만개시킨 그의 자취를 좇아 고봉사관 답사를 시작으로 이곳 동천목산까지 이르렀습니다."

"중국인들도 고적을 찾기가 참으로 어려운데 한국인으로부터 대혜 조사에 대한 말씀을 듣고 보니 더 분발해야겠다는 생각이 듭니다."

"오늘 선객을 만나니 기쁩니다. 대혜의 자취를 따라 스님과 고행을 나누고 싶습니다."

스님은 "좋은 말씀입니다. 대혜의 길에 크신 가르침을 담아 가십시오"라는 말을 남기고 필자와 작별했다.

대혜의 가르침 들려오는 듯

대혜 선사가 말하였다.

"참선이란 기봉(機鋒)을 가졌다고 해서 그것으로 반드시 자신이 옳다고는 할 수 없다. 예전에 운개수지(雲蓋守知) 선사는 도안이 밝은 분이었다. 하루는 태수가 산사에 들어와 담공정(談空亭)에서 쉬면서 선사에게 물었다.

"무엇이 담공정입니까?"

"이것이 담공정이오."

태수는 이를 불쾌하게 여겨 본모고(本慕顧, 雲蓋知本) 스님에게 똑같은 질문을 하였다. 그가 '정(亭)'자만 가지고서도 설법할 수 있는데 무엇하려고 입으로 공(空)을 이야기하겠느냐'고 대답하니 태수가 기뻐하여 마침내 그를 운개사의 주지로 옮겨 주었다.

본 선사는 수지 선사에 비하면 훨씬 못하다. 그러므로 진정한 사실은 기봉만으로 취할 수 없다는 것을 알 수 있다. 보봉도원(寶峰道元, 昭覺) 수좌 또한 도가 있는 스님이었지만 화두에 답하는 기봉이 둔하여 혜홍각범(慧洪覺範) 선사는 그를 원오두(元五斗)라 불렀다. '오두'란 입김을 불어 쌀 다섯 말이 익혀질 때가 되어서야 비로소 한 마디 대답한다는 뜻이다.

선사가 말했다.

"요즘 사람들은 전도된 것을 따를 줄만 알지 바른 이치는 볼 줄 모른다. 이를테면 무엇이 부처냐고 물어 마음이 부처라고 하면 도리어 평범한 대답이라 생

각하고, 무엇이 부처냐 해서 등롱이 벽을 따라 천태산에 오른다고 해야 대단하
다고 말을 하니 이것이 어찌 전도된 것을 따르는 일이 아니겠는가?"

장상영(張商英) 거사가 도솔종열(兜率從悅) 선사를 뵙고 회당조심(晦堂祖心)
선사를 조롱하는 송을 지었다.

久響黃龍山裏龍	황룡산 용의 소문 오래도록 울렸는데
到來只見住山翁	와 보니 산에 사는 늙은이뿐
須知背觸拳頭外	치고받는 주먹질 속에
別有靈犀一點通	따로 통하는 마음 있음을 알아야 하리.

당시 여러 총림에서 감탄하지 않은 자가 없었다.
엄양 선사는 조주 선사를 친견한 사람인데 그에게 물었다.
"무엇이 부처입니까?"
"흙덩이다."
"무엇이 불법입니까?"
"지진이지."
"무엇이 스님입니까?"
"죽 먹고 밥 먹는 사람이다."
"무엇이 신흥원의 물입니까?"
"앞에 보이는 강물이다."
이에 대혜 선사가 말씀했다.
"이런 법문은 마치 어린 아이의 장난처럼 들리지만 이런 법문에 들어갈 수
있어야만 안락을 누릴 수 있는 사람이다."

대혜의 가르침은 이처럼 자유자재의 기봉을 휘날렸다. 대혜 선사는 선주의 명적(明寂) 선사, 낭야의 설두(雪竇) 선사, 천의(天衣) 등 선배 큰스님들을 두루 찾아뵙고 시봉했다. 대혜 선사가 어느 날 말씀하시길 "세상에 나와서 홍교탄 선사의 법제자가 되었는데 탄 선사도 낭야 선사의 법제자다. 주일 태평주 서주사(瑞州師)로 옮겨 서랑에 거처하였는데 대혜 선사가 처음 행락한 때 그를 찾아가 설두 선사의 '염고(拈古), 송고(頌古)'에 대하여 가르침을 청하였다. 소정 선사는 스님에게 화두를 들게 하고 모든 것을 스스로 보고 스스로 말하도록 하였으며 선사 말은 조금도 빌려주지 않았다. 선사가 옛 성인들의 미숙한 종지를 깨치자 소정 선사는 대중 앞에서 '선사는 다시 온 부처님'이라며 칭찬을 아끼지 않았다."

다음은 대혜의 26세 때 담당문준 스님과 나눈 선답이다.

담당 선사가 대혜 선사에게 물었다.

"너의 코는 어째서 오늘 반쪽이 되었느냐?"

"보봉문하에 있습니다."

"엉터리 참선꾼이군."

어느 날 또 물었다.

"고(杲) 상좌야, 나의 이 선을 너는 한 번에 이해하였다. 그래서 너에게 설법을 하라고 하면 너는 설법을 할 수 있고, 송고와 소참, 보설, 법설을 하라면 그것도 할 수 있다. 그러나 한 가지 못하는 것이 있다. 너는 알겠느냐."

"무슨 일입니까."

"네가 한 가지 알지 못한 게 있지. 네가 이 한 가지를 알지 못하니 내가 방장실에서 너와 이야기를 할 때에는 선이 있다가도 나서자마자 없어져 버리며, 정신이 맑아서 사량할 때는 선이 있다가도 잠이 들자마자 없어져 버린다. 만일 이렇다면 어떻게 생사와 대적할 수 있겠는가?"

"바로 그것이 제가 의심하는 점입니다."

그 뒤 담당 선사의 병세가 위독하자 선사에게 여쭈었다.

"선사께서 만일 이 병환으로 일어나지 못하시면 저는 누구에게 부탁하여 그 큰일을 마치겠습니까?"

"극근이라는 선사가 있는데 나도 그를 알지 못한다. 네가 만일 그를 만나면 반드시 도를 이룰 수 있을 것이지만 끝내 그를 만나지 못하면 후세에 다시 태어나 참선을 하도록 하라."

그것이 담당 장로의 마지막 유게이다. 대혜는 26세 때 담당문준에게 사사했다. 담당문준은 원오극근을 만나라는 유게를 남기고 열반에 들었다. 그 뒤 담당문준 스승의 비문을 장상영 거사에서 부탁하면서 장 거사와 친해졌다. 문준 장로의 유언과 장상영 거사의 권유 등으로 원오를 만나 그로부터 임제의 선법을 이어받았다.

그때가 선화 6년 대혜 36세 때의 일이다. 원오극근으로부터 법을 계승한 대혜는 1137년 임제재풍을 일으키려고 경산으로 갔다. 그러나 4년 뒤 정쟁에 휘말려 유배길에 들었고 말년에 풀려나 간화선을 정립하게 되었다. 이는 유배에서 얻은 대자유가 간화선을 일으키는 데 발판이 된 것으로 생각된다. 그 후 40여 명의 사대부의 지지를 힘입어 오늘날 대혜선이 만개한 것으로 보인다.

간화선 해동까지 떨쳐

대혜의 간화선은 고려까지 닿았다. 그 영향인지는 몰라도 대혜 사후 183년 뒤 태고보우가 원나라로 들어갔다. 그는 자신의 깨달음을 시험해 보고 싶었다. 당시 원나라에서 제일 가는 축원성 선사가 있는 남소산으로 갔다. 그러나 그때 축원성 선사는 이미 열반에 들었고 그 후학인 홍아종(弘我宗)과 월동백(月東白)을 만날 수 있었다. 축원성이 남긴 삼전어(三轉語)를 맞닥뜨리고 관문을 통과한 뒤, 강호의 눈은 석옥에게 있다는 말을 듣고 그를 찾아가 여러 번의 시험을 받은 끝에 임제의 선을 이어받아 고려에 전했다.

석옥청공은 호구소륭(虎丘紹隆)과 천동함걸(天童咸傑) – 송원숭악(松源崇岳) – 파암조선(破庵祖先)을 거쳐 급암종신(及庵宗信)으로 이어지는 임제의 정맥을 이어갔다. 원오극근이 싹트게 한 간화선은 호구소륭을 거쳐 파암조선을 일지맥으로 급암종신에게 이어졌다. 석옥청공이 태고보우 선사에게 임제의 선법을 전해주면서 고려 땅에 임제의 선법이 만개하기에 이르렀다.

대혜종고의 자취를 살펴보면서 그의 법계가 원오극근 – 호구소룡 – 밀암학림 – 송원숭악 – 파암조선으로 이어진 사실을 밝혀냈다. 이로 보아 대혜 선의 싹이 그의 법손들에 의해 고려 땅으로 이어진 것은 중요한 의미가 있다고 하겠다. 대혜의 자취를 따라가면서 문화혁명 이후 사라져 버린 줄로만 알았던 간화선이 선당에서 행해지고 있음을 알게 된 것은 시사하는 바가 크다.

중국선당은 허운 대사 이후 염불수시(念佛誰是)를 통해 면면히 이어져 왔다. 지금 대혜와 고봉이 머물던 유적이 속속 복원되고 중원 땅에서 선풍이 되살아나는 까닭은 대혜가 일으킨 간화선이 동아시아 면면히 이어져 왔기 때문이다.

부록

附錄

대혜보각[1]선사 탑명(절록)

장준(張浚)찬(撰) 신흥식(辛興植)역(譯)[2]

　융흥 원년[3] 8월 14일, 대혜 선사 종고, 경산 명월당에서 입적 하시니 황제 께서 듣고 탄식하며 애석해 하여 조칙으로 명월당을 묘희암으로 삼고 시호를 보각, 탑을 보광이라 하사 하여 각별히 배려 하셨다.

　먼저 이는 황제께서 보안군의 왕으로 계실 때 선사의 이름을 듣고 내도감(內都監)을 보내어 경산에 이르러 선사를 찾았을 때 선사가 게(偈)를 지어 이로 써 헌납하시니 상(上)[4]께서 심히 기뻐하시어 마침내 집을 짓고 다시 내지객(內知客)을 보내어 선사를 산중에 청하여 대중을 위하여 설법케 하고 친히 묘희암 대자(大字)와 진찬(眞贊)을 지어 선사에게 하사하셨다. 다시 이년 후에 상(上) 이 황제로 즉위하여 비로소 호를 대각선사라 하사 하고 다음해 다시 묘희암에

---

1) 대혜보각 : 즉 대혜종고.
2) 장준 : 남송 抗金 명장, 재상.
3) 융흥원년 : 송 효종 연호. 서기 1163년.
4) 상 : 송 효종.

276

가시어 황제의 어필과 어보로써 낙관 하시며 은총이 더욱 두터웠는데 선사께서 입적하셨다.

우러러 회고 하건데 주상께서 일개 방외지사라면 이와 같았겠는가? 대개 선사는 부처님 제자로써 당대에 높이 뛰어났던 분으로 충성하고 감격해 하셨다. 천리를 얻으시고 이로써 상(上)의 마음을 움직이셨으니 특이한 지기(知己)로 그토록 성(盛)함에 감탄할 따름이다. 예로부터 부처님의 가르침은 마음을 전하는 것으로써 배움을 삼는데 진실한 마음과 밝은 덕성이 몸과 합하여 변화하고 흥하는 서방의 가르침으로 마음의 공한 이치를 가르쳐서 해탈케 한다. 후세에 삼종이 병행하였는데 임제의 정전은 득인(得人)이라 불렀는데 성진(聲塵)을 뛰어 넘어 일 법도 세우지 않고 근원을 바로 꿰어 이로써 증명하고 극(極)을 삼으니 빛을 발하고 진동하며 쥐었다 폈다 걸림이 없었다. 임제 선사에서 육진(六傳)하여 양지선사에 이르고 양지에서 두 대(代)에 원오 선사이다. 원오 선사 극근5)은 법을 오조법연6)에게 얻어 두 대(代)의 조정에 걸쳐 그 도가 융성하였다. 대혜 선사는 실은 원오 선사의 법을 이었으나 더욱 빛을 발하였다. 대혜 선사의 이름은 종고요. 선주 영국(寧國) 사람으로 성은 해씨인데 나이 열일곱에 고향 마을에서 살고 싶지 않아 훌륭한 스승을 쫓아 곧 사방으로 돌아다니다 비로소 조동종의 여러 큰 스님을 추종하며 이미 그 설을 얻고는 탄식하여 이르기를 이것이 과연 불조의 뜻이던가? 준담당 선사를 찾아가 뵈니 준담이 말씀하시길 자네와 이야기 하다 보니 다 통달한 것 같아도 특히 아직 이로써는 생사를 대적하지 못 하네. 나는 지금 병들었으니 다른 날 원오극근 선사를 찾아

---

5) 극근 : 불과 선사. 원오극근.

6) 연 : 오조법연 선사. 원오 선사 스승.

가보게. 근 선사는 마땅히 자네의 일을 판단해 줄 것이네. 근은 곧 원오 선사이시다. 담당 선사가 돌아가시자 대혜 선사는 승상 장공을 뵙고 탑명을 구하였는데 장공과 일언(一言)에 계합하여 곧 공무가 끝나면 조석으로 더불어 이야기하였다.

그가 머물던 암자의 이름을 묘희라 하고 대혜 선사의 자는 담회(曇晦)이다. 승상 장공도 또 이르기를 스님은 반드시 원오사를 친견하셔야 합니다. 내가 스님을 가시도록 돕겠다하여 드디어 서울로 와서 스님이 원오극근 선사를 천령사에서 친견하였다.

하루는 근 선사의 상당 법어에 대혜선사가 활연히 깨닫고 이로 써 근 선사께 말씀드리니 근 선사가 말씀하시길 "아직 아니다. 네가 비록 얻었다 하나 대법의 연고는 밝히지 못했느니라." 또 하루는 근 선사가 법연 화상의 유구 무구어(有句無句語)를 거량하시자 대혜 선사가 언하에 대 안락 법을 얻게 되었는데 근 선사가 손을 어루만지며 말씀하시길 비로소 알았으니 내가 너를 속이지 못하겠구나!

이로부터 종횡으로 마음에 의심되는 바가 없게 되었다. 거침없는 설법은 마치 소진과 장의[7]의 웅변과 같았고 손자와 오자가 병법을 쓰듯 하였다. 여러 스님들도 공경하며 그 예봉을 당할 수 없었고 때에 어진 사대부들도 다투어서 어울렸다. 우승상 여공이 아뢰어 황제가 자의(紫衣)를 하사 하시고 호를 불일대사라 하였다. 여진족의 변[8]을 당하여 그 추장이 선승(禪僧) 열 명을 잡아가자 대혜 선사가 뽑히어 몸소 면케 하였다.

---

7) 소장 : 전국시대 유세가, 소진 장의.
8) 여진지변 : 여진족(금)의 침입.

원오 선사가 바야흐로 운거의 주지를 대혜 선사에게 "제일좌가 머물라" 명하여 대중을 위하여 도를 전수하니 명예와 덕망이 널리 알려져 배우려는 자가 구름처럼 모여 들었다. 다시 난을 피하여 후난성을 거쳐 민남지방으로 들어가 암자를 장락에 짓고 있을 때는 따르는 자가 겨우 53인 이었으나 채 오십일도 되지 않아 법을 얻은 자가 열세 명이었다 하니 전에도 이런 예는 있지 않았다 한다.

후에 급사 강공 소명의 청에 응하여 소계의 운문암에 주석하였다. 준(浚)이 촉에 있을 때이다. 극근 선사가 친히 대혜 선사를 부촉 하시며 참된 법의 골수를 얻었다 이르셨다. 준이 조정에 나아가 황제를 알현하고 드디어 임안 경산에서 법석을 펴시니 도법의 융성함이 대단한 한 때로 천명의 스님들이 큰 집에 머물렀고 무릇 이천 여명의 대중과 교류하였던바 재주와 지혜가 뛰어난 당시의 이름난 관료들이다. 시랑 장 공자 같은 경우에 아름답고 막역한 친구였으나 대혜선사 또한 마침내 이로 써 화를 만났으니 대개 요직에 있는 자[9]들이 그의 의논을 두려워하고 미워하였다.

가사가 찢기고 첩지를 불사른 채 형주에서 무려 십년을 머무르다 매주로 이사 하였는데 매주는 전염병으로 적막한 땅이다. 그의 문도들이 음식을 주선하고 따르며 비록 죽는다 해도 후회하지 않는다 하였다. 다시 오년 태상 황제[10] 고종께서 특별히 은혜를 베풀어 돌아오시다. 다음해 다시 승복을 입으시니 사방의 빈 법석에서 이로 써 맞이하려 했으나 문도를 인솔하며 나아가지 않다가 최후에 조정의 명으로 육왕寺에 주석 하셨다. 대중이 모이다 보니 음식이 많아

---

9) 당축자 : 요직에 있거나 권력이 있는 자.
10) 태상황제 : 송 고종.

야 하는데 혹 대주지 못하자 기름진 밭 수 천 평을 조성하였는데 조칙으로 그 농장의 이름을 반야라 하사 하였다. 다시 2년 경산으로 옮기시니 대혜 선사께서 이 산에 두 번째 주석하심이다. 도속(道俗)이 모두 기뻐하며 흠모 하였다. 비록 늙었으나 후진을 제접(提接)하고 인도하심에 조금도 게을리 하지 않으시고 명월당에 머문 지 무릇 일 년 만에 이로써 임종 하셨다.

장차 입적하시려 할 때 친서로 유지를 아뢰고 음성으로 탕공[11]에게 부치시며 또한 편지를 준에게 주시니 선사의 세수는 칠십 오세요. 법랍은 오십 팔세이시다. 승속이 선사를 좇아 법을 얻어 깨달은 자가 수천 인 뿐만이 아니었으니 모두 때에 듣고 서이다.

명 왈

하늘의 별처럼 위대하심이여!
언제나 떠나지 않았도다
선사의 도와 덕이여!
이 산과 더불어 영원 하시리.

---

11) 탕공 : 송 재상 탕 사퇴.

塔銘

大慧普[3]覺禪師塔銘(節錄)

張浚[2]

　隆興元年[3]八月十八日, 大慧禪師宗杲示寂于徑山明月堂, 皇帝聞之嗟惜, 詔以明月堂爲妙喜庵, 賜諡普覺. 塔曰寶光, 用寵賁之

　先是上[4]爲普安郡王時, 聞師名, 嘗遣內都監至徑山謁師, 師作偈而獻, 上甚嘉之. 及在建邸, 復遣內知客請師山中爲衆說法, 親書妙喜庵大字及制眞贊寄師. 又二年而上卽位, 始賜號大覺禪師. 明年復取向所賜宸翰, 以御寶識之, 恩寵加厚, 而師亡矣. 仰惟主上惠顧一方外之士如此, 盖師于釋氏, 所謂卓然杰出于當世者. 忠誠感格得之天理, 是以上動宸心, 眷知特異, 吁其盛哉!

　自昔聖賢以傳心爲學, 誠明合體, 變化興焉. 西方之敎, 指心空爲解脫......,

　后世三宗并行 臨濟正傳, 號爲得人, 超出聲塵, 不立一法, 根源直截, 以証爲

---

1) 大慧普覺 : 卽 大慧宗杲
2) 張浚 : 南宋抗金名將, 宰相.
3) 隆興元年 : 宋 孝宗 年號. 公元 1163年.
4) 上 : 指 宋 孝宗.

極，耀震動，卷舒无碍，臨濟六傳至楊岐，楊岐再世而圓悟師克勤[5] 得法于五祖演[6]，被遇兩朝，其道盖盛矣．師實嗣圓悟益光明焉．

師諱宗杲，宣州寧國人，姓奚氏，年十七不欲居鄉里，從經論師，卽出行四方，始從曹洞諸耆宿游，旣得其說，嘆曰 是杲佛祖意耶! 去之謁准湛堂，准謂之曰 子談說皆通暢特未可以敵生死．吾今疾革，他日見川勤當能辨子事．勤卽圓悟師也．湛堂死，師謁丞相張公求塔銘，一言而契，卽下榻朝夕與語，名其庵曰妙喜，字之曰曇晦，且謂子必見圓悟師，吾助子往．遂致行李來京，師見勤于天寧．一日，勤升堂，師豁然神悟以語勤，勤曰 未也，子雖有得矣，而大法故未明．又一日，勤擧演和尚有句无句語，師言下得大安樂法，勤拊掌曰 始知吾不汝欺耶! 自是縱橫踔厲无所疑于心，大肆其說，如蘇張[7]之雄辯，孫吳之用兵，諸老斂衽莫當其鋒，于時賢士大夫爭與之游．右丞相呂公奏賜紫衣，號佛日大師，會女眞之變[8]，其酋欲取禪僧十輩．師在選中，已而得免，圓悟方主雲居席，命師居第一座，爲衆授道，譽望蔚然，學者雲集，復避亂走湖南，轉江右入閩，築庵長樂洋嶼時，從之者才五十有三人，未五十日，得法者十三輩，前此盖未始有也．后應給事江公少明之請住小溪雲門庵．而浚在蜀時，勤親以師囑，謂其眞得法髓．浚造朝遂以臨安徑山延之，道法之盛，冠于一時，敞千僧大閣以居之．凡二千餘衆，所交皆俊乂當時名卿．如侍郎張公子韶爲莫逆友，而師亦竟以此遇禍．盖當軸者[9]恐其議已，惡之也．毀衣焚牒，屏居衡州凡十年，徒梅州．梅州瘴厲寂寞之地，其

---

5) 克勤：卽 佛果禪師．圓悟克勤．

6) 演：指克勤師．從于楊岐再傳弟子法演．

7) 蘇張：春秋戰國時 蘇秦，張儀．

8) 女眞之變：指金國入侵．

9) 堂軸者：比喻居于 政府中主要地位，旧指宰執大臣，此處指秦檜．

徒衰粮從之. 雖死不悔. 又五年, 太上皇帝[10]特恩放還, 明年復僧服. 四方虛席以邀, 率不就, 最后以朝命住育王. 聚衆多食或不繼, 築徐田凡將數千頃, 詔賜其庄名般若. 又二年移徑山, 師之再住此山, 道俗欣慕, 雖老接引後進不少倦, 居明月堂凡一年以終. 將示寂, 親書遺奏及寄聲別右相湯公[11], 又貽書于浚,

師壽七十有五, 坐夏五十八. 僧俗從師得法悟徹者不　數千人, 皆有聞于時.

銘曰:
天目巍巍, 終古莫移, 師兮道德, 此山與齊.

---

10)) 太上皇帝 : 指 宋 高宗.

11) 湯公 : 卽湯思退.

塔銘

고봉 화상 탑명

전 조청대부 미산가 지손 찬(撰)

공자님의 도는 분발하지 않은즉 개발하지 못하고 부처님의 도는 용맹하지 않은즉 정진하지 못한다 하니 도는 진실로 쉽게 알지 못하는 것이로다.

예부터 부처님의 제자는 산림(山林)에 살며 풀 옷에 나무뿌리나 열매를 먹고 그 몸과 마음을 식은 재나 장벽같이 하며 후회하지 않는 것은 일대사 깨달음을 위해서 인데 뒤에 진실로 능히 큰일을 이루는 자는 천만인에 한사람이라 하니 고봉 선사가 이런 분이다.

선사의 법명은 원묘요. 오강 서씨의 아들이다. 어머니의 태몽에 스님을 보고 분만 하시니 어려서부터 가부좌를 좋아하고 점차 자라더니 가화 밀인사 노숙의 법을 좇아 출가 하여 천태교를 익히다가 계합하지 못하고 정자로 들어가 죽을 각오로 선을 배우는데 옆구리를 방바닥에 대지 않고 음식을 맛으로 먹지 않았다. 견해를 끊고 도리를 바로 잡으며 하여금 '생(生)은 무엇을 좇아오는 것이며 죽음은 무엇을 좇아가는가?'를 참구하다가 설암 흠을 친견 하였더니 하여금 '개에게는 불성이 없다'라는 화두를 참구하게 하고 또 물으시길 '죽은 몸뚱이를 끌고 온 놈이 누구냐?' 하여 대꾸 하려니 곧 몽둥이로 때리더라. 일찍부터 '만

284

법은 하나로 돌아가는데 하나로 돌아가는 곳은 어디인가?'를 의심하였더니 쌍경 오조선사 진찬을 보고 의심이 비로소 풀리기 시작하였다. 흠을 쫓아 남명으로 가니 흠이 먼저와 같이 '죽은 몸뚱이를 끌고 온 놈이 누구냐?' 물으시어 선사가 '악'하고 할을 하였더니 흠이 주장자를 잡고 후려치려하자 선사가 가로 막고 이르기를 '오늘은 저를 때리지 못합니다' 하고 소매를 나부끼며 횡하니 나가버렸다. 다음날 흠이 또 '만법귀일 화두'를 물으시어 선사가 이르기를 '개가 펄펄 끓는 기름 솥을 핥는 것입니다'라 하였다. 이로부터 기틀을 당하면 사양하지 않았다.

설두 중현을 찾아 가다가 서강에서 모희 수담을 만나 다시 흠을 쫓아 도량으로 갔다. 흠이 때에 입승으로 머물 때이다. 더불어 천령사로 가게 되었는데 사무를 맡기려 하거늘 귀를 막고 돌아보지 않았다.

흠이 일찍이 묻으시길

'요사이 활기찬 모습인데 주인공이 잘 잡히느냐?' 선사가 '주인공이 잘 잡힙니다' 하니

'꿈속에서는 어떠한가?' '주인공이 잘 잡힙니다.' '그러면 정녕 잠이 들었을 때나 꿈에 보고 듣는 것이 없을 때 주인공이 어디 있느냐?' 하니 선사가 말이 없거늘 흠이 부촉하여 이르기를 '지금부터 네가 불법을 배우는 것을 꾸짖지 않겠노라. 다만 배고프면 밥 먹고 피곤하면 자고 잠시라도 정신을 차려야 하며 지금 차제에 주인공이 마침내 어디 있는지 찾아야 하느니라.' 선사가 더욱 경계하고 성찰하게 되었다.

함순 병인 겨울에 용수산으로 들어가 짚에 눕고 송화 가루를 먹으며 모진 바람과 날씨를 견디며 화두를 명백히 밝히기를 서약 하더니 그렇게 오년이 지나고 깊은 밤 목침이 밀려 땅에 떨어지는 소리에 확연히 크게 깨달았다.

마침 눈이 쌓여 길이 끊어진지 여러 날, 사람들이 선사가 이미 어찌 되었나

이르는데 눈이 개자 편안히 좌정하고 있는 것이 처음과 같았다.

갑술년에 무강의 쌍계봉으로 자리를 옮기고 덕우 병자년 봄에 전쟁이 나자 선사는 열흘 동안 음식을 드시지 못하였으나 위엄 있게 앉아서 움직이지 않고 전쟁이 안정되기 까지 이어나갔다.

기묘년 봄에 난을 피해 서천목의 사자암으로 들어가시니 곧 동굴이라. 작은 집을 지으니 열자 정도였다. 방(榜)을 붙여 가로되 사관이라 하고 자급자족하며 깨진 옹기로 솥을 삼아서 하루에 겨우 한 끼만 식사 하였다. 동굴은 사다리를 타고 이로써 오르니 제자들도 드물게 얼굴을 보아야 했다. 그 곳에 사자원을 신축하고 이로 써 거주하며 세 가지 관문을 만들어 대중에게 훈시하여 이르길 '대철저인은 근본이 생사를 해탈하는데 있는데 더욱이 명근을 끊어내지 못하거나, 불조의 공안은 다만 이 일개 도리에 있거늘 더욱이 밝혀야 하는데 밝히려 하지 않거나, 대 수행인은 마땅히 부처님 정신에 맞는 행위를 준수해야 하거늘 이로 인해 더욱이 계율을 지키지 않거나 여기에 계합되지 않으면 곧 문을 막고 받아드리지 않았다. 회상에서 흠의 죽비 불자 법어를 부촉하시며 향을 사루고 나가시니 도의 성가가 날로 융성하여 먼 곳과 다른 지역에서 도를 물어 끊임없이 찾아 왔다.

학사현(鶴沙縣)의 운사(運使) 부직(副職)으로 있던 구군정발이 선사를 공경하고 흠모하여 한번 기틀에 계합하심을 보고 곧 전장을 희사하여 공양하였으나 선사가 사양하고 받지 않으니 더욱 견고해져서 그의 무리로 하여금 전장과 특별히 한 절이 먹을 만큼 연화를 심었는데 사자암과 거리가 십리정도였다. 관리를 청하여 대각선사라 편액하고 선사를 옹립하여 절의 사무를 맡기었다. 을미년 음력 11월 27일 선사가 갑자기 두 장의 정성어린 글을 지어 후사로써 명을 초조에 옹립할 것을 부촉 하시고 섣달 초하루 법상에 올라 이르기를 '서봉(西峰) 삼십년 동안 반야를 망령되게 말하여 지은 죄가 하늘을 덮는다. 말후일구(末後一句)는 감히 일반에게 미치지 못하였는데 스스로 거두어 가리라. 대중(大衆)아 도리어 이 말의 낙처(落處)를 알겠는가?' 오랫동안 묵묵히 있다가 이르기를 '털끝만큼이라도 차이가 나면 하늘과 땅만큼 멀리 떨어지느니라' 하시고 별도의 게송으로 이르기를

  올 때도 사관에 들어오지 않았고
  갈 때도 사관을 나가지 않았노라
  무쇠 뱀이 바다를 뚫고 들어가더니
  수미산을 쳐서 무너트렸도다.

  게송 후 담담히 서거 하셨다. 경신년에 유명을 받들어 온전하게 사관에 돌리었다.

  선사는 가희 무술 3월 23일에 태어나시니 세수는 58이요. 법랍은 43이다. 제자는 백 여인이요. 계를 받고 도움을 청한자는 만 여인이라. 멀고 가까이에서 달려와 팔과 정수리에 향을 연비하고 통곡하며 오열 하였다.

  선사는 소박하고 욕심이 없었으며 전심(全心)으로 도를 구하여 홀연히 깨달은 후에 깊은 산에 머물며 한 발자국도 밖으로 나가지 않았으며 안으로 마음에 헐떡임이 없으시고 밖으로 온갖 인연을 쉬어 흔연히 스스로 만족하셨다. 남을 위해서는 지극히 인자 하시고 정성을 다해 사람들을 가르쳤으며 좋은 말로 온화하게 해주고 간혹 눈물로써 계도 하셨는데 마침내 조실에서 조사의 영을 행할 때는 인재를 엄히 격려 하여 진정으로 헤아려 주고 조금도 부족함이 없게 하였다. 일찍이 학인들에게 경계하되 지금 사람들은 하나를 알려줘도 반만 이해하여 능히 철저히 깨닫지 못하고 참구하는 무리들이 한번 꾸짖으면 멍하니 사(邪)와 정(正) 조차 판단하지 못하며 화두를 들고 오고 감에 마치 맨손으로 이

루려하니 대개 얻는 것도 거칠고 부족하니라. 마땅히 크게 철저해야 하고 친히 보고 친히 증득하여 차별지를 밝혀야 바야흐로 살활을 감당하고 제대로 해탈하는 것인데 기용이 험준하여 가히 딱 맞게 하지 못한다는 것이 이것 이니라. 작은 일에도 더욱이 살피시고 계율을 숭상하였으며 비록 두 곳에 사찰을 세웠으나 눈으로 일찍이 볼 수 없었다. 선사의 행이 진실하여 명성이 강호에 떨치어 모두 손을 이마에 대고 찬탄하여 가로되 옛 부처요. 선지식이라 하였다.

나는 약관에 무준 옹을 따르게 되었으니 선사는 무준 선사의 손(孫)이다. 절을 짓고 전장을 마련하였으며 두 장의 기(記)로써 부촉하시니 마음을 비우고 자신을 낮춘 지 오래이다. 문도들이 사실과 상황을 가지고 와서 명(銘)을 구하거늘 어찌 사양 할 수 있으리오?

銘曰

고봉(高峰)이 높이 서니
조손(祖孫)이 일률(一律)이로다
젊어서 도를 구하여
오랫동안 지식과 경험을 쌓았더라
빈산에서 한 밤의 증득(證得)에
땅에 떨어지는 목침 소리여!
현관을 열어 제치니
우주가 아주 새로워졌도다
만법이 하나로 돌아간다 하는데
하나로 돌아가는 곳은 어디인가?
뜨거운 기름 솥의 일구여!

대지가 일어나 춤을 추도다

서봉의 사관에서

무려 삼십년이로다

구름을 안고 구름을 머리에 쓰고

벗들이 문으로 오도다

한 올도 마음에 걸리지 않았나니

만 길이나 되는 장벽이여!

가까이 하려해도 머물지 못하고

멀리 하려해도 곧 불가 하니라

납자들의 명근(命根)을 끊어 주고

불조의 마음을 헤아렸도다

손으로 구름을 헤치니

갠 달빛이 온 숲을 비추도다

무쇠 뱀이 바다로 들어감이여!

허공이 백번 부서지도다

내가 명(銘)과 시(詩)로 지으니

있지 않은 것은 있을 수 없노라.

함순(咸淳) : 남송 도종 조기의 연호.

덕우(德祐) : 송 공제 조현의 연호.

가희(嘉熙) : 송 이종 조윤의 연호.

塔銘

高峰 和尙 塔銘

前 朝請大夫 眉山家 之巽 撰

夫子之道 不憤憤則不啓發 瞿曇之道 不勇猛則不精進

道固未易知也 古之釋子 山棲林巢 草衣木食 死灰牆

壁其身心而不悔者 爲一大事耳 後之眞能爲大事者 千萬人

一人 高峰是己 師名 原妙 吳江徐氏子 母夢 僧而娩

幼嗜趺坐 稍長 從嘉禾密印寺老宿法住出家 習天台敎

不契 入淨慈立死限學禪 脇不席 食不味 見斷橋倫 令參生從何來 死從何去 見

雪嚴欽 令參狗 子無佛性 且問誰拖汝死屍來 應聲卽棒 嘗疑萬法歸一

一歸何處 見雙經五祖眞讚 疑始泮 從欽南明 欽申

前問 師喝 欽拈杖 師把住云 今日 打某甲不得 拂袖徑出 翌旦 欽又問萬法歸一

話 師云 狗舐熱油鐺 自此 當機不遜 尋過雪竇 見西江謀希 嬰曇 復從欽雪之道場

欽時居立僧 與偕赴天寧 欲換以事 掩耳不顧 欽嘗問日間活活 作得主摩 師云 作

得主 夢中何如 云 作得主 正睡著時無夢想見聞 主在甚處 師無語 欽囑云 從今不責汝學佛學法 只飢飯困眠 攙覺 抖精神看此際主人翁竟何在 師益警省 咸淳丙寅冬 人龍鬚山 臥薪飯松風 日搏 誓欲一著子明白 越五載 中夜推枕墮地有聲 廓然大悟 會積雪路絕數日 人謂師已矣 雪霽 宴坐如初 甲戌 遷武康雙髻峰 德祐丙子春 大兵至 師絕兼旬 危坐不動 事定 戶f紛至 己卯春 避入西天目之師子巖 卽石洞 營小室 丈許 榜曰死關 悉屏給侍服用 破甕爲 併日一食 洞梯山以升 弟子罕面其築師子院以居 有三關語 示衆云大徹底人 本脫生死 因甚命根不斷 佛祖公案只是一箇道理 人甚有明興不明 大修行人 當遵佛行 因甚不守毗尼 弗契 卽拒戶不納 會 欽 寄竹篦拂子法語 瓣香拈出 道價日隆 遠方異域 問道踵接 運副鶴沙瞿君霆發 敬慕師 一見ナ契 卽捨田莊爲供 師辭不受 君捨心益堅 俾其徒以田別建一剎食 卜蓮華 距巖可十里 請於官 扁大覺禪寺 以祖雍攝寺事 乙未子月二十七日 師忍書二眞軸 以後事 囑明初祖雍 臘朔上堂云西峰三十年妄談般若 罪 犯彌天 末後一句 不敢累及平人 自領去也. 大衆 還有知落處者 良久云 毫釐有差 天地懸隔 別書偈云 來不入死關 去不出死關 鐵蛇鑽入海 撞倒須彌山 泊然而逝 庚申奉遺命 全歸死關. 師嘉熙戊戌三月二十三日生 壽五十八 臘四十三 弟子百人受戒請益者 萬數 遠近奔赴 燃香臂頂 慟哭塡咽 師淸明枯淡 篤志求道 頓悟之後屏居窮山 跬步不出 內心無喘 外息諸緣 欣自然得 爲人至慈 勤懇誨人 善語和易或繼以泣 及至室中行祖令 鞭策龍象 盡情勘 覈 絲粟無貸 嘗戒學者 今人 負一知半解 不龍了徹 參徒一詰 茫然莫辨邪正 句來句去 如手搏兒 蓋得處鹵奔故也 直須大徹 親見親證 明得差別智 方解勘辨殺活 機用 嶮峻 不可湊泊 如此 尤矜細行崇戒律 雖創兩剎 目未嘗覩 師行解眞實 名震江湖 識與不識 皆手額讚歎曰 古佛善知識也 余弱冠 從無準游 師 準 孫也 創院立莊 兩囑以記 心降久矣 諸徒事狀求銘 烏得辭 銘曰

高峰屹立 祖孫一律 妙年求道 力久眞積

空山夜澄 撲地枕聲 玄關劃開 宇宙斬新

萬法歸一 一歸何處 熱油一句 大地起舞.

대혜 연보(年譜)

西紀	年歲	記　事
1089	1	대혜는 안후이성 선주(宣州)의 영국현(寧國縣)에서 태어났다. 성은 해(奚)씨이고 이름은 종고 자는 람희 호는 묘희이다.
1101	13	13세에 향교(鄕校)에 입학한 후 부모에게 출가하기를 청했으나, 어머니가 허락지 않았다.
1104	16	16세에 마침내 득도했다.
1105	17	10월에 경덕사(景德寺)에서 구족계(具足戒)를 받다.
1107	19	여러 곳으로 선지식인을 참방했다.
1108	20	행각(行脚)할 때에 동산미(洞山微) 선사를 찾아가서 2년 동안 종동종의 종지를 공부했다.
1109	21	보봉(寶峯)의 승당(僧堂)에서 안거(安居)를 지내고 선주에서 화주(化主) 노릇을 했다.
1115	27	담당(湛堂) 문준, 원오(圓悟) 사사토록 유언했다.
1116	28	장상영(長商英) 거사에게 스승인 담당문준(湛堂文準)의 탑명(塔銘)을 부탁하였다.
1120	32	형저(荊渚, 형주)로 무진 거사를 찾아가서, 법을 가지고 교유하였다.
1124	36	9월에 원오는 천녕사(天寧寺)에 머물라는 명령의 조서(詔書)를 받았다.

西紀	年歲	記　　事
1125	37	4월 천녕사에 도착하여 원오극근 선사로부터 인가를 받아 5조법연으로 인가를 받아 양기파의 적손이 되었다.
1126	38	천녕사에서 머물면서 원오극근과 함께 대중을 가르쳤다.
1130	42	봄에 해혼(海昏)의 운문암(雲門菴)에서 머물렀다.
1131	43	앙산(仰山)에 올라가서 동림규(東林珪) 선사와 만났다.
1134	46	푸젠 양서(洋興)로 옮겨 묵조선을 공경했다.
1137	49	소계(小谿) 운문암(雲門菴)에 머물다.
1140	52	천승각(千僧閣)을 새로 지었다
1141	53	대혜는 재상재희가 장구성과 모의하여 조정을 비난한다는 소문이 퍼져 형주로 귀향을 갔다.
1142	54	형주의 서원에서 머물면서 대사부와 폭넓은 교육을 했다.
1155	67	대혜는 67세에 유배에서 풀려났다.
1158	70	1월에 교지(教旨)에 의해 경산(徑山)으로 옮겨갔다. 17년 만에 다시 3월에 경산 능인선원(能仁禪院)으로 들어와 간화선을 제창했다.
1161	73	경산에 머물면서 대혜가 효종 황제의 두터운 신임을 얻어 묘희암이란 편액을 하사받았다.
1163	75	대혜가 입적하자 명월당을 묘희암이라하고 보각국사란 시호를 받았다.

294

고봉 연보(年譜)

西紀	年歲	記　　事
1238	1	쑤저우 오강현(蘇州 吳江縣)에서 출생했다. 속성은 서(徐)씨이고 위(諱)는 원묘(原妙)이며 호는 고봉(高峰)이라 하였고 사람들은 그를 고불(古佛)이라고 불렀다.
1252	15	가화현(嘉禾縣) 밀인사(密印寺) 법주(法住) 스님에게로 출가하여 1253년(16세)에 구족계를 받았다.
1255	18	천태교학을 배웠다. 그러나 항상 마음 속으로 불입문자 교외별전(不立文字 敎外別傳)을 주창하는 달마종(達摩宗)의 가르침이야말로 일대사(一大事: 인생의 큰 일)를 해결하는 길이라고 생각하였다. 그해에 항저우(杭州)로 나와 제방의 여러 선지식을 찾아 행각(行脚)하였다.
1257	20	선종 사찰인 정자사(淨慈寺)에 들어감으로써 교종(敎宗)에서 선종(禪宗)으로 출가 행로를 바꾸었다.
1259	22	3년 사한(死限)을 정하고 참선하려고 곧 단교 화상에게 법을 청하였다. 단교 화상은 "태어날 때에는 어디에서 오고 죽으면 어느 곳으로 가는가(生從何來 死從何去)?"라는 화두를 내려주었다.

西紀	年歲	記　　事
1260	23	고명한 설암(雪巖) 스님이 북간탑(北磵塔)에 주석하고 있다는 소식을 듣고 단숨에 달려갔다. 고봉 스님은 매일 아침 공부에 대해 점검을 받고자 설암 스님을 참문(參問)하였다. 그러나 설암 스님은 "누가 너의 시체를 끌고 왔느냐(阿誰拖死屍來)?"라고 묻고는 미처 대답하기도 전에 주먹으로 때려 쫓아버렸다. 이것을 타사시화두(拖死屍句話)라고 한다. 이렇게 하기를 매일 반복하니 약간 공부에 진취가 있었다.
1261	24	경산(徑山)의 쌍경사(雙徑寺) 선방에서 안거를 했다. 3월 22일, 이 날은 달마 대사의 기일(忌日)이었다. 3탑각(三塔閣)에서 대중과 함께 경전(經典)을 독송하다가 문득 고개를 드는 순간 "백년 삼만 육천 일을 반복하는 것이 원래 이놈이다[(百年三萬六千朝 反覆元來是者漢)]"라는 오조(五祖) 법연의 진찬(眞讚: 영정에 써진 글씨)을 보는 순간 타사시화두(拖死屍句話)에 대한 의심을 타파하였다.
1262	25	남명사를 떠나 강심사(江心寺), 국청사(國淸寺), 설두사(雪竇寺) 등을 두루 행각하였다. 28세(1265년) 다시 설암 선사를 찾아가 도량사 그리고 천녕사(天寧寺) 등에서 설암 스님을 시봉하였다.
1271	34	34세(1271년) 용수사에서 5년을 지낸 어느 날 밤, 함께 자던 도반이 목침을 땅에 떨어뜨리자 덜그덕 소리가 났는데 그 소리를 듣고 문득 일착자(一着子) 의단(疑斷)을 타파하였다.
1274	37	무강(武康) 쌍계봉(雙鷄峯)으로 거처를 옮겼다. 그 해 7월 도종(度宗)이 죽고 공종(恭宗)이 즉위하였다. 고봉 스님의 명성은 더욱 알려져 암자가 비좁아서 수용이 어려울 정도로 많은 사람들이 운집하였다. 하지만 원나라 병사가 건강(建强), 임안(臨安) 등을 차례로 함락시키고 공제(恭帝)를 포로로 잡아가는 등 정국이 어지러워지자 학인들이 사방으로 흩어졌다.

西紀	年歲	記　　事
1279	42	고봉 스님도 천목산 사자암(天目山 獅子庵)으로 거처를 옮겼으며, 다시 많은 대중들이 모였다.
1281	44	사자암 서쪽 장공동(張公洞)에 토굴을 지어 사관(死關)이라는 현판을 걸고 입적할 때까지 15년 동안 이곳을 나오지 않았다.
1287	50	스승 설암 화상이 입적하였다. 입적하기 전 불자(拂子)와 법을 잇기를 부촉하는 게송을 보내왔다. 그 해 겨울 천목산 사자선사에서 설암 스님의 후계자로서 앞으로 대중을 지도하는 조실임을 알리는 절차를 밟게 되었다. 선요의 맨 처음에 나오는 〈개당보설〉이 바로 그때의 법문이다. 이로써 고봉은 남악 下 22세이며, 임제 下 18세 적손이 되었다. 도를 묻는 자가 끊이지 않고 고봉의 간절한 법문을 듣는 자는 모두 감복하였다.
1291	54	운부(運副) 학사(鶴沙) 구정발(瞿霆發)이 전장(田莊)을 보시하여 사자암과 10리쯤 떨어진 곳에 대각선사(大覺禪寺)를 건립하였으나 건립한 뒤에는 제자 조옹(祖雍)에게 일체를 맡기고 관여하지 않았다.
1295	58	조그마한 계율도 소홀히 여기지 않아 세인(世人)의 존경을 받았고, 법도가 있으면서도 입실제자(入室弟子)들에게 자비함을 잃지 않았던 고봉 스님은 명초(明初)와 조옹(祖雍)에게 뒷일을 부탁하고 나서 대중에게 영결문을 고하고 임종게(臨終偈)를 설하였다. 원나라 원정 을미년(乙未)년 12월 초하루였다. 세수 58세이며, 법납(法臘)은 43세이다.

대혜 · 고봉 법계도(法系圖)

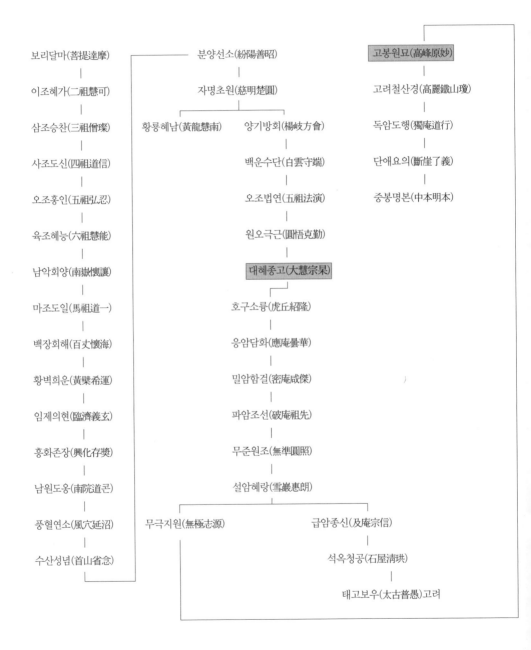

보리달마(菩提達摩)
이조혜가(二祖慧可)
삼조승찬(三祖僧璨)
사조도신(四祖道信)
오조홍인(五祖弘忍)
육조혜능(六祖慧能)
남악회양(南嶽懷讓)
마조도일(馬祖道一)
백장회해(百丈懷海)
황벽희운(黃檗希運)
임제의현(臨濟義玄)
흥화존장(興化存獎)
남원도옹(南院道顒)
풍혈연소(風穴延沼)
수산성념(首山省念)

분양선소(紛陽善昭)
자명초원(慈明楚圓)
황룡혜남(黃龍慧南)　양기방회(楊岐方會)
백운수단(白雲守端)
오조법연(五祖法演)
원오극근(圓悟克勤)
대혜종고(大慧宗杲)
호구소륭(虎丘紹隆)
응암담화(應庵曇華)
밀암함걸(密庵咸傑)
파암조선(破庵祖先)
무준원조(無準圓照)
설암혜랑(雪巖惠朗)
무극지원(無極志源)　급암종신(及庵宗信)
석옥청공(石屋淸珙)
태고보우(太古普愚)고려

고봉원묘(高峰原妙)
고려철산경(高麗鐵山瓊)
독암도행(獨庵道行)
단애요의(斷崖了義)
중봉명본(中本明本)

298

참고문헌

1. 자료(資料)

《大慧禪師語錄》.

《大慧普覺禪師語錄》.

《大慧禪師語錄私記集說》.

《徑山寺志》, 杭州市 佛敎協會 刊行, 2001.

《吾家正宗贊》.

《大慧普覺禪師塔銘》, 張俊贊.

《高峰和尙語錄》.

《高峰和尙塔銘》.

俞淸原 篇著,《徑山史志》, 1989.

俞淸原 篇著,《漫語徑山》.

俞淸原 篇著,《徑山祖師傳略》.

俞淸原 篇著,《徑山茶》.

趙大川 篇著,《徑山茶固考》.

《阿育王寺》主篇 界源.

《西天目山志》西天目山志編纂委員會.

《幻住庵淸規》.

《天目山中峯和尙廣錄》.

張悅鳴 篇著,《天重禪寺》, 寧波出版社, 2008.

《大慧記筆寫本》, 조선 후기.

大慧,《禪 스승의 편지》, 法供養, 2010.

2. 著書

荒木見悟 주해, 양기봉 옮김,《大慧書》, 김영사, 2004.

통광 역주,《高峰和尙禪要》, 불광출판사, 1993.

大慧宗杲,《대혜보각선사어록》1, 소명출판, 2011.

大慧宗杲,《대혜보각선사어록》2, 소명출판, 2011.

大慧宗杲,《대혜보각선사어록》3, 소명출판, 2011.

大慧宗杲,《대혜보각선사어록》4, 소명출판, 2011.

大慧宗杲,《대혜보각선사어록》5, 소명출판, 2011.

大慧宗杲,《대혜보각선사어록》6, 소명출판, 2011.

中峯明本,《山房夜說》, 장경각, 불기 2588년 간행.

최석환 편저,《석옥, 태고 평전》, 불교춘추사, 2010.

윤영해,《주자의 선불교비판》, 민족사, 2010.

伊吹敦 저, 최연식 옮김,《중국선의 역사》, 대숲바람, 2005.

불교전지문화연구소 엮음,《人物中國禪宗史》, 불교영상회보사, 1998.

俞靑源 篇著,《경산시선》, 항저우대학출판부, 1999.

한정섭,《大慧宗杲 선사와 看話禪》, 불교통신교육원, 2001

大慧宗杲,《스님의 편지》, 松廣寺 2010.3.

채정수,《大慧宗杲의 思想 硏究》, 東亞大學校, 1975.

桐野好覺,《大慧宗   と五位》, 印度學佛敎學硏究, 2000.12.

일타,《高峯原妙禪師》, 佛光, 1975.1.

원묘,《禪要》, 운주사, 2006.

대엽,《禪要에 나타난 高峰原妙의 思想과 影響》, 修多羅, 1995.1.

3. 논저

石井修道,〈大慧語錄の基礎的硏究〉上, 駒澤大學佛敎學部硏究紀要, 1973.

법해,〈대혜의 간화선 연구〉, 석림, 1995.

舒曼,〈태고보우 후인들 하무산에서 청공과 태고보우 선사에게 올린 다례제〉,
　　　중국〈끽다거〉잡지, 2012.

정성본,〈대혜종고가 제시한 간화선 수행〉, 월간〈선문화〉, 2004년 3.

정성본,〈간화선 수행과 공안공부의 문제〉, 월간〈선문화〉, 2004년 4.

정광,〈간화선의 이해〉, 월간〈선문화〉, 2005년 7,8.

정광,〈대혜어록을 중심으로 한 간화선〉, 월간〈선문화〉, 2004년 7,8,9,10

공안선과 간화선, 인경, 서울대철학사상, 2005.

石井修道,〈大慧宗杲 とその弟子たち, 7: 眞淨克文と大慧宗杲〉, 印度學佛敎學硏究,
1976. 3.

石井修道, 〈大慧宗杲とその第子たち, 3: 大慧《正法眼藏》と〈聯燈會要〉〉,
印度學佛敎學硏究 1972. 3.

대혜종고 선사의 〈서장〉 연구= A Study on the 〈Shu-zhuang(書狀〉
of master Tahui Tsungkao(대혜종고) 저자 황금연 동국대학교 2010.

정광, 〈간화선의 성립과 선사상〉, 7,8,9,10 월간 〈선문화〉, 2004.

최석환, 〈默照邪禪이라 비판한 대혜종고〉, 월간 〈선문화〉 2010.4.

정영식, 〈대혜종고의 융합사상〉, 釋林 2009.

강문선(혜원), 〈당대선에서 송대선으로의 유동적 演變의 과정 -대혜종고 以前을
중심으로 -〉, 佛敎學報, 2011.8 .

채정수, 〈大慧宗고의 思想硏究〉, 東亞論叢, 1977.3.

오용석, 〈대혜종고 간화선에 나타난 대승정신과 간화선 대중화에 대한 小考〉,
韓國禪學= Journal of Korean seon studies 2011.4.

동국대학교, 〈간화선, 그 원리와 구조= Ganwha Seon, its principle and structure〉,
불교학술원 종학연구소, 동국대학교 불교학술원 종학연구소, 2011.

최석환, 〈현대로 걸어온 선〉, 월간 〈선문화〉, 2008년 8.

최석환, 〈가는 곳 마다 간화선의 향기〉, 월간 〈선문화〉, 2008년 9.

최석환, 〈대혜와 고봉의 자취를 따라〉1~15회 연재, 월간 〈선문화〉, 2009 1월~2010년 7.

최석환, 〈천목산 고봉사관〉, 월간 〈차의 세계〉 2004. 3.

최석환, 〈천목산 사자암〉, 월간 〈차의 세계〉, 2003. 5.

석천, 〈간화선을 열며〉, 석천, 월간 〈선문화〉, 2003. 11.

석천, 〈간화선 열풍〉, 월간 〈선문화〉, 2004. 2.

최석환, 〈중봉묘탑을 찾아〉, 월간 〈차의 세계〉, 2014. 1.

舒曼, 〈강남고불 중봉 선사에게 올린 헌다례〉, 〈몽정신문〉인터넷 기사.

최석환, 〈천목산 선차와 고봉원묘〉, 〈불교춘추〉, 1999. 4.

정성수, 〈부처의 얼굴을 닮은 바위〉, 〈세계일보〉, 2008. 9. 28.

박정진, 〈천목산에 도향에 취하다〉, 월간 〈선문화〉, 2011. 11.

최석환, 〈천목산 고봉사관〉, 월간 〈선문화〉, 2011. 11.

최석환, 〈다시 떠오른 고봉과 대혜의 선〉, 월간 〈선문화〉, 2008. 7.

고영섭, 〈태고보우를 통해 고봉을 엿보다〉, 월간 〈선문화〉, 2009.1.

불교춘추특별취재팀, 〈茶와 禪을 찾아서〉, 불교춘추, 1999.4.

최석환, 〈고봉사관앞에서 헌다례〉, 월간 〈차의 세계〉, 2012,1.

불교춘추사, 〈천목산의 선차와 고봉원묘 선사〉, 불교춘추, 1999.4.

대 혜 고 봉 평 전
大 慧 高 峰 評 傳

지은이 | 최석환
감수 | 동광스님
펴낸곳 | 월간 〈차의 세계〉
디자인 | 정지현

2017년 12월 11일 초판 인쇄
2017년 12월 13일 초판 발행

등록 · 1993년 10월 23일 제 01-a1594호
주소 · 서울시 종로구 운니동 14번지 미래빌딩 4층
전화 · 02) 747-8076~7, 733-8078
팩스 · 02) 747-8079
ISBN 978-89-88417-77-5   03300

값 30,000원